神保町有情

日本経済評論社私史

栗原哲也

一葉社

はじめに

　出版を業とする日本経済評論社に生きて五〇年以上が経ちました。皆さまと同様、それは平坦な道程ではありませんでした。現場を去った今、来し方を振り返り、残り少ない行く末を考えています。この記録は、平坦でなかった過去の苦行を聞いて頂こうとするものではありません。誇らしい出来事を語ろうとするものでもありません。踏み越えて来た過去の中にどんな愚かさがあったのかを自省する心算で書き始めたものです。この年月を私情ぬきに復習することは出来ませんでした。結局、私の目を通した日本経済評論社での「出来事」の記録になりました。

　一九六四年、出版社に縁づき、ただただ本の街を徘徊してきただけの私の体験に、ことさらな価値は見いだせないかも知れません。人は懸命だったからといって正しいとは限りません。しかし、生起した事態にありったけの力で立ち向かって来たことは事実です。

誠実でありさえすれば出版業は勤まる、と斯界の先人は言い遺しました。私は真に誠実さをもって勤めてきたのだろうか。そんな心配は残りますが、人と出逢い、その意志を本にするのが出版社だとすれば、日本経済評論社に働いたすべての時間は確実に、出逢った人の魂を本にすべく努力してきたという自信はあります。

山に阻まれ谷に落ち、水に流され岸遠く、という日々もありましたが、それはいつも心優しき人々との出逢いに助けられました。その交わりはすべて本に変換され、われわれの全生活を支えてくれました。

いま感謝の念とともに幾多の人々を思い描きます。

本当に多くの人々に支えられた半世紀でした。ありがとうございました。日本経済評論社は愛される出版社に育ったろうか。この無惨な世界にスックと立ち続けているだろうか。朽ちてはいけない。われわれを認めて下さる著者と業者と読者のいる限り、その期待に添い続けなければいけない。豊かに生き続ける、その信念と決意とを抱えた者のみが結集する場にしなければならない。そう信じています。

本来なら、この種の記録はひっそりと私家版とすべきところでしたが、意を決し、異色出版社影書房を遺し苦悶の裡に没した編集者松本昌次さんの遺友和田悌二氏と大道万里子さんが拠点とする極北出版社一葉社に厄介をかけました。これも松本さんのお導きかも知れません。お身体に鞭打ちながら励むお二人に感謝しつつご健勝を祈ります。
文中に現在もなおお元気で活躍されている方々が登場します。どちら様にもお断りしておりません。敬称の有無、失礼にあたる記述、ご不満や不快な点がございましたら、どうかお赦しくださるようお願い致します。

二〇二三年六月二五日

栗原哲也

神保町有情
――日本経済評論社私史

目次

はじめに　3

一、霧中の前途――一九六〇年代　15

幼年記　15
危篤になる　18
東京へ　22
教室にて　24
教師断念、出版の世界へ　29
編集部にて　31
好きな本を作って貧乏しよう　35

二、渡世を知る――一九七〇年代　38

会社は創った　38
稼いだ金で　41
『産業組合』誌との出会い　44
営業マンの現場　47

来間泰男と『沖縄の農業』 55
空前の売上げ 62
噴き出る企画 65
切羽詰まる 74
株主に縋れ 78
「お前が辞めるなら俺もよすぜ」 82
債権者の前で 87
再出発か継承か 91

三、蹌踉のわだち――一九八〇年代 95

こんな会社にかまうな 95
杉山忠平と杉原四郎 100
勇気がでた仲間たち 107
どんな出版社にする気だ 111
キミは天に見離されている――倉庫の火災 119
倉庫を守る 123

株券の行方　125
独断『石油年鑑』の失敗　128
やっと出てきた新企画　130
松尾章一と『服部之總伝』　135
『記事総索引』とライブラリアンの力闘　137
持ち込み原稿と編集者　143
向井清史の果し状　145

四、さまざまな邂逅——一九九〇年代　153

酒亭「あくね」にて　154
俺の作った本だ、読んでみろ——編集者渡邊勲　156
「アンポン資料」刊行の棟梁——林健久　161
資料整理を回顧する浅井良夫　167
日本財団にて——林雄二郎　169
西山夘三が遺した住宅営団資料　173
大石嘉一郎とご一統の著作　177

体ひとつで飲みにこい――金原左門 182
北緯四〇度に立つ――簾内敬司と畠山義郎 185
戦後は闘いである――内山秀夫 189
大学は学校屋ではない――川口弘 201
山口和雄と伊牟田メモ 203
出版は虚業か 206

五、新世紀なれど――二〇〇〇年代 208

世紀明けの「アメリカ」炎上 208
靖国神社にて――脱走兵暉峻衆三 210
「生きてるうちに北京においで」――母親《ママさん》留学生林燕平《リンヤンピン》とその娘 214
『少女たちの戦争』――木村礎との再会 224
幻に終わった学術原稿――『戦後史学史私論』 229
二冊の評伝――松本昌次の遺著 254
ご当地民主主義――『本庄事件』刊行異聞 261
本を支える現場の人々 266

編集者の感性を劣化させるもの　270
小出版社の価値　274

六、出版は虚業に非ず——二〇一〇年代と今日あした　277

ある達成——友の死　277
暗闇で生きる覚悟——東日本大震災　280
「大東亜共栄圏」裁判——原朗のたたかい　284
『不知火海民衆史』——色川大吉の置土産　290
『服部之總伝』始末　296
新体制の出発　299
谷口京延の死　303
さらば神保町　307
残　余　310

謝辞——あとがきにかえて　313

附　五〇年を支えた方々　316
日本経済評論社・社員数と出版点数の変遷　319
人名・社名・店名索引　巻末

装画／ディエゴ・リベラ
『花運搬人』
装丁／松谷　剛

一、霧中の前途——一九六〇年代

群馬は私の生まれたところ。赤城山と空っ風は知っているが新島襄、萩原朔太郎、内村鑑三、野間清治、羽仁五郎らも群馬育ちだと知る人は希だ。八木節も焼饅頭もあるが、県人が一致して誇る産物は銘仙とキャベツだ。私の幼少時代から聞いてください。

幼年記

上州群馬に吹く空っ風は冷たく荒いものだった。砂埃は障子の隙間から容赦なく吹き込み、卓袱台も縁側もざらつかせた。裏庭から見る妙義、榛名、赤城の上毛三山は頼もしく関東平野に裾野を拡げ、いつもずしりと坐っていた。西に利根川、東に広瀬川が流れ田圃にはたっぷりの水が湛えられていた。畑には蚕に食わせる桑の木が地平まで植えられていた。

一九四一（昭和一六）年、間もなく稲刈りが始まる頃哲也は生まれた。群馬県佐波郡名和村山王道（現在は伊勢崎市）、これが生まれ在所だ。親爺は、万世一系の百姓祐三郎三九歳、お袋は、隣村から嫁いできた〓《と》も三八歳。「大東亜戦争」が始められる二ヵ月前だった。三男五女の末っ子。哲也の誕生と引き替えにすぐ上の姉満里子が赤痢で死んだ。村は人口八千人を超す大きな村で人びとは豊かであった。

一九四五年八月一四日夜中、哲坊はまだ幼児である。ちょうど蚕が脱皮する夜で、桑をあげなくていい晩だった。お袋が蒸かした饅頭をたべ、みんな骨休め気分だった。突然鳴り響く警防団の声「空襲だぁ、電気を消せ〜」米軍機の来襲である。降り注ぐ焼夷弾の中、年老いた祖父《おじい》とともに、二人の姉が引っぱるリヤカーに乗せられ、桑畑の中へ避難した。後ろで家に火がつくのを見た。近所も一斉に燃え上がり火の海と化した。この夜、隣町太田にあった航空機製造会社中島飛行機が標的だ。伊勢崎に投下された焼夷弾は、六〇〇トンを超えたという。名和村でも一〇〇軒近くが焼失、死者もでた。

翌朝、姉に手を引かれて家に戻る。「ウチがないよぅ」という哲也の声に家中の者が立ち竦んだ。夕べ火の中に放たれた牛や山羊、ニワトリたちが自分の小屋に帰ってきた。牛は背中に火傷を負ったまま、世話をしていた兄貴の側に寄り添っていた。

昼に、戦争は敗北のうちに終わったことを知らされた。天皇の玉音放送は聞いた覚えはない。長かった戦争が終わったのだ。お袋が哲也を強く抱きしめ、生き残ったことを実感した。大黒柱が立ったまま、めらめらと燃え続けていた。哲也の「戦前」はここで終わったが、終戦前夜に空襲で家を失った光景は、いくつになっても脳裡から離れることはなかった。

戦後が始まった。収穫したばかりのジャガイモが縁の下から掘り出された。これを秋から冬まで主食とした。寝起きする家を建てねばならない。親爺と長兄は松の生木の皮を剝ぎ、ほかの者は焼け跡に残った焼けこげの釘を拾い集めたり、トタンを叩きのばしたりした。床材にする平板がない。竹藪から切り出した丸竹を代用した。こいつは藁で編んだ筵をいくら敷いても背中が痛かった。それでも暮れまでには小屋のようなウチが建った。哲也はお袋にくっついて回り、草むしりや蚕の世話する姿を見ながら幼時を過ごした。歌が好きだったお袋は『支那の夜』だの『父よあなたは強かった』を口ずさんでいた。哲也はその悉くを暗誦した。

一九四八年名和村の小学校入学。厚紙にガーゼを貼りつけたようなランドセルを背負い、下駄履きで登校した。約二〇〇人の新入生。大きな村だから知らない子が大勢いた。担任は小沢てる子先生。二〇歳前のいい匂いのする先生だった。学芸会では「舌切り雀」の爺さん役、バーさん役は大和あさ（子）ちゃん、まん丸目の可愛い子だった。

危篤になる

四年生になった夏、広瀬川の縁にある退魔寺の夏祭りだ。友だちはずらり並んだ屋台で、お面だの刀だの水飴を買った。哲也は僅かな小遣い全部を使って紅生姜を求めた。何でこんなものが欲しかったのかは思い出せない。新聞紙に包まれた真っ赤な生姜漬けは奇妙にうまかった。一遍に食べた。翌朝烈しい腹痛。お袋は心配し「熊胆」や「征露丸」を飲ませてくれたが一向に治まらない。村のお医者二人にまで看てもらったが治まらない。七日目の朝、二人の医者は「わしらの手に負えない」と投げ出した。盲腸の悪化だった。哲也は盲腸の破裂したとき頭がすうーっと楽になったことを覚えている。早朝からの桑摘みから帰った長姉英子が蒼白な哲也の顔を見て「哲也が死ぬぅ」と大声をあげた。急遽、町からタクシーを呼び、長兄の付き添いで、伊勢崎で最も信頼されていた菊地病院に担ぎ込まれた。

菊地先生は併発していた腸捻転も同時に手当したが、快方に向かうことなく数日を過ごした。「マイシンを打とうか」と菊地先生。親爺は「これも運命だ」と言ってお題目をあげていた。お袋は「まだ生きている」と高価なマイシンを打つことを主張した。田圃一枚くらいの値段だったろうが、親爺もその見幕に押されて同意し、マイシンが打たれた。その効き目は驚異的であり、日に日に快方に向かった。カネの問題は残ったが家中が笑顔になった。ただ退院までには四ヵ月もかかり、クラスの代表がバナナを持ってお見舞いに来てくれたり、強《ね》

1955 年頃の名和村小学校（左）と中学校

請《だ》ったら牛の訪問もあった。親爺が一里もある野道を引っぱって来てくれたのだ。哲也は牛にバナナを分けてやり頬ずりした。

結局、二学期は学校は全欠。院長先生の笑顔に送られ暮れも押しつまって退院できた。正月明けにお袋に手を引かれ、久しぶりに登校した。三学期は縫った腹の糸を抜いたり術後検査で欠席が多かった。そんな哲也に偉人伝だの冒険小説を買ってきてくれたのは二番目の姉啓子だった。長姉の英子はセーターや靴下をいくつも編んでくれた。高崎山の観音様遠足についてきてくれたこともあった。三姉のきみ子は町の病院で栄養士をしていてカステラなどハイカラなお菓子をよく作ってくれた。哲也は農作業の手伝いができなくなったため、一家の食事当番に当てられた。このとき覚えたカレーライスや炒め物は今も得意技の一つである。井戸からの風呂の水溜めはきつかった。家畜の世話は嬉しい仕事だった。寂しいときには牛に話しかけて独りぼっちを慰めた。やがて体は元にもどり、水浴びも木登りも仲間と同等にできるようになったのは、五年生も半ばになってからだった。

近所の友だちは東隣りに要さん、西隣りに則雄ちゃん、ちょっと離れて同い年には田島甚平や美禰子、祥子、さわ子、籠屋の節ちゃん等総勢八人もいた。田圃や小川で泥鰌《どじょう》や鮒を捕った。小川は清流で鰻や鯰もいた。時には近隣のおネエさんを追っかけて叱られたりもしたが、他愛もないガキのまま小学校を終えた。生き延びたのは、お袋のマイシンの強訴と兄や姉の励ましのお陰だと悟った。

中学校は小学校の地続きにある。同じ顔ぶれが揃って進級。剣道部や柔道部に顔を出したが性にあわなく逃亡。啓子の影響は大きく本はよく読んだ。二年生になり、生徒会に誘われ高橋隆明やあさ子と夜遅くまで討論した。民主主義を学ぼうとしたのだが、うまくいかなかった。色気もついてきた。アヤ子のことが気になりだしたが、恋の作法も知らず、恋文らしきものを後ろポッケに入れたまま、何週間も持ち歩いていた。アヤ子は気づいていたのに哲也の心を無視した。これは今でも鮮明に思い出す。

中学三年の秋、どこの高校に行こうかと思案していると、甚平が本庄高校に行こうと言うのでその気になった。県外の宿場町にある気位の高い高校である。関根弘機も西村哲哉も受験しそろって合格した。部活は文芸部を選んだ。姉さん風をふかしそうな女生徒がたくさんいた。顧問の関根みよ子先生が迎えてくれ、入部祝いに中島敦の『李陵』（社会思想研究会出版部）をくれた。輪読が始まったのだが、一行目から読めないのに困った。「騎都尉」「辺塞」「遮虜鄣」「阿爾泰山脈」「戈壁沙漠」……家に帰って字引を片手にやっと一頁を読み終わった。こんなのすらすら読める連中がいるところは無理だと思い、部活も間遠になってしまった。それでも、みよ子先生の話が聞きたくて、暇なときを見つけていくつもの読み物を教えてもらった。頂いた本『李陵』は今でも大事に持ち歩いている。

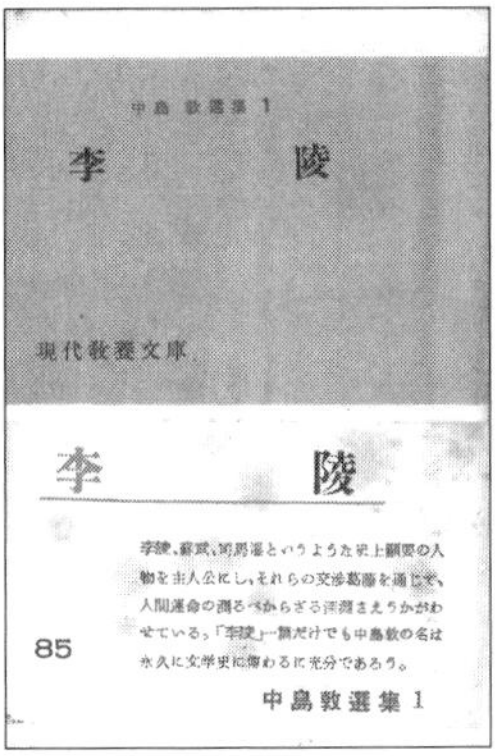

社会思想研究会出版部
（1953 年）刊

弁論部にも名を連ね、諏訪先輩、剣持先輩、南出幸子さんなどの指導を受け、発声練習で喉を潰した。演題は差別問題に近いものを選んでいた。藤村の『破戒』など読んでいたせいだろうか。関東地方の弁論大会には何度となく出張った。長野高校での大会では他県の高校生と知り合い世間が広くなったような思いもした。この部活では阿久沢ノン子と親しくなった。

声を潰しているのを見て、応援団からも声がかかった。後年東海大学の教授になる同級白石正がいたので気安かったのだろう。野球の試合があるときは、大宮や熊谷の球場に出掛け、大声を張り上げていた。応援団にいるとバンカラな連中とも親しくなり、秩父の夜祭りで悪さをしたり、いかがわしい飲み屋に出入りもした。町場のボンボンはカネ回りがよかったが稼いだカネでないことを知っていたので、だんだん遠ざかってしまった。読書は漱石、露伴のほか吉川英治や井上靖を好んだが、小林多喜二や長塚節を知ったのもこの頃である。姉啓子の影響は大きく、書棚は小説であふれた。

高校三年の秋、卒業したら拉麺屋になろうと思い、東京の服部調理学校を受験しようと思っていた。ある日、親爺が突然「大学に行ってもいい。お前には田畑は残せないから」と言う。マイシン注射を渋った親爺の言葉に驚いた。戦後も一五年が過ぎていた。家族の努力で家計は立ち直っていたのだ。有難いと思い、慌てて受験勉強を始めた。受験雑誌『螢雪時代』なんか読んだこともなかった。親爺は学費の安い群馬大学か千葉大学を想定していたようだが、明治大学を受験するとは予想していなかった。

東京へ

一九六〇年四月、学費三万円を納めて明治大学文学部史学科へ入学。東京の会社に勤めていた次兄信二を頼り六畳間の下宿に同居、二年ほど脛をかじった。

クラス担任は木村礎《もとい》助教授だった。三〇歳を出たばかりの青年教師で、老けたように見えたが声はでかく明解だった。学問の業績は知らなかったが、人くさい苦労人と見た。教室には高校時代の学生服のままの奴もいたが、全国から集まっていた。青森の役人の子も三池の炭坑夫の倅も、沖縄で育った苦労人もいた。明治大学は全国区の大きな学校だと知った。

時代は安保改定反対闘争の高揚期。学校は「安保ハンタイ」のデモの渦。連日のように労働組合と学生連合が国会議事堂を取り囲んだ。「安保条約」も読んではいなかったが、政治状況が哲也に新しいものを注入した。教室に出ても「今日はデモに行ってこい」という先生もいるくらいで、文庫本なんか捲《めく》っていると馬鹿にされそうだった。学生デモ隊の中では明治大学はいつも最前列だった。警官隊と最初に衝突するのは最前列にきまっている。哲也も群衆のなかで何度か警棒にやられた。坂上に駐車してあった機動隊装甲車のサイドブレーキを外し、現行犯で警視庁の裏庭に引っぱられたこともあった。それでも夢中でシュプレヒコールを上げているうちに安保条約の不条理さを理解し、いっぱしの意識的人民になった気がした。他大学の学生とも親しくなり時々議論もするようになった。東京の学生の政治性の高さに圧倒され、マルクスやエンゲルス、毛沢東も齧り始めた。駆け抜けたような安保体験だったが、この間に得たいくつもの問題意識は、その後の哲也に少なからぬ影を落とした。「権力」「差別」「階級」「平等」「平和」など、それまでは深くは考えたこともない漢字がテーマになっていった。

六月、安保条約は東大生樺《かんば》美智子を踏み殺し自然成立、首相岸信介はその座を追われた。一〇月に日比谷公会堂で開かれた三党首立ち会い演説会で、社会党の浅沼稲次郎が一七歳の学生山口某に刺殺される。続いて『中央公論』に掲載された深沢七郎の『風流夢譚』事件も起こされ右翼の活動が活発化した。暮れに岸の後を継いだ池田勇人が首相になり、月給を倍にすると「所得倍増計画」をぶち挙げ国民の目を奪った。日本は政治の季節から経済の時代、高度成長の時代に雪崩れ込んでいった。

教室にて

木村さんの講義だけは欠かさず出た。

ある日の明大神田小川町校舎。木村さんの「史学概論」の講義の日。「幕藩体制成立のメルクマールは何か」と質問された。なにを訊かれたのか意味もわからなかった。立ち竦んでいると隣に坐っていた二人の友人が小声で何か耳打ちしてくれた。哲也は何かは言ったのだろうが赤面して腰を下ろした。木村さんは「よしよし」と言って哲也に恥はかかせなかった。

二人の友だち。分別くさい種井孝允、才のこぼれる川地清介と知り合ったのはこんな場面だった。登校すれば一緒にいるようになった。三人で御茶の水の純喫茶「ウイーン」や「丘」

「らんぶる」「ハトヤ」「ミロ」などで夕暮れまで話し込んだ。中華「栃木屋」では支那そばをよく食べた。学食「師弟食堂」の素うどんは一五円だった。種井は浅草っ子で裏町に精通していた。学者になることを夢見ていた彼だが、「神谷バー」だのストリップの「フランス座」に連れ込んだり、麻雀を手解いたのは種井だ。川地とは小田急相模原で一緒に下宿をしたり、一週間の北海道旅行をしたり緊密な日月を過ごした。見栄っ張りで照れ屋の三人は、女話をする割には女学生にはまったくもてなかった。

木村礎先生（1980年）

二年生の秋、安保デモで知り合った社会事業大学の某君の誘いを受けて、東京学生部落問題研究会に接触する。明大の部落研は死んでいた。小川町校舎の空き部屋に潜り込み「部落研」の部室として占拠した。種井にも川地にも声はかけていない。杉並和泉校舎の校門前でたった一人で部員募集をやった。政経学部の一年後輩今井勝彦と池田敦志が乗ってきた。

三一書房から出ていた『部落の歴史』などをテキストにして運動に高めていくこと

を模索した。二人の新入部員は政治性もあり、大学学生会公認の「クラブ」に昇格させ活動予算も分捕ってきた。恋多き連中も多く、別れさせたり、退部の相談に乗ったり、多様な問題の起こる集団だったが、夥しく重ねたコンパやセツルメント、ハイキングなどは楽しく思い出せる。東京六大学部落研でもインテリめいた才媛と知り合いサルトルやジイド、ロマン・ロランまでつきあった。早熟な地方出身の女学生に、難解な議論をふっかけられて難儀もした。その後、明大部落研は過激化し黒旗なんかをふりまわすようになり、交流は薄くなっていった。今井と池田とはその後も何十年か交流し、会社設立時にも世話をかけた。

木村礎さんの歴史教室では「合宿」と名付けた古文書調査実習がある。木村さんに「お前も来てみるか」と誘われ、その気になった。六一年八月、千葉佐原の香取社領村落の、旧家の文書の調査と筆写だ。コピーもない時代だから手書きで写すのだ。昔のお百姓が書いたものが多い。こいつが読めない。実務指導は先輩の青木美智男さん。会津棚倉生まれの、いかにも左翼という風体。これが初対面。後年、専修大学の教授になった人。親切に古文書読みの基本を手ほどきしてくれた。同級では面倒見のよい小松郁夫や月子、星子らも参加していた。

宿舎はお寺だった。夕飯の炊事当番もある。誰とコンビを組んだか忘れたが、この日は調査に出ないで朝から晩飯作りの準備だ。女学生と町まで買い出しにいく。魚屋の兄さんに「いよっ、若夫婦っ」なんて呼ばれてドギマギした。古文書が読めなくても飯つくりは子どものころから慣れているので何の苦もなかった。黄色く熟れすぎた胡瓜を大量に買い込んで油炒めをつくった。こんなもの誰も食べたことあるめえ、みんな珍しがって食べてくれた。民家の蔵から引っぱり出した文書の片付けも得意だった。丁寧に紐で括って元のところへ納めるのだが、括り方がうまいと木村さんに褒められた。夜のミーティングでは発言も出来ないのに、変なところに居場所を発見した。討論が終わった後、自由時間がある。相州津久井の山奥から明治の学生になっていた一年上の石井達也さんは、村ではガキ大将だったのだろう。村娘を追いかけ回して泣かせた話など、面白可笑しく話してくれ、胸が高鳴った。石井さんの話は天然色で臨場感があった。生唾を飲み込んでいると、青木さんが「そんなバカ話にのるな」と咎めた。

哲也は木村合宿で、集団で暮らすことの面白さと難しさを、両方学んだ。木村さんの合宿は強調・協同を教える場所でもあった。史学科で学んだことがその後の生き方にどれだけ生かされたかは定かでないが、木村合宿で得たものは大きかった。

四年になった夏の終わり、種井が夜中に訪ねて来た。「あの子のことを思うと眠れない。泊めてくれ」「一人で寝ろ」「トリスを持ってきた。つきあえ」荻窪の二畳半の下宿だ。二人が横になる隙間はない。一晩中飲みながら惚れた女のことを聞かされた。遠目に見たこともある知的な同級生のことだった。他人の惚れた腫れたをどうにかできる哲也ではなかった。土砂降りの庭に出て頭を冷やす彼の話を聞くのが精一杯だった。でも、不器用に恋する種井の心根を眩しく思い、田舎で別れた女友だちを連想した。「お嫁に行かずに待っている」という便りは、あの子からも誰からも来ていない。故郷で別れた友だちの映像は次第に脳裡から薄くなった。

大学も終わりが近づいた。

卒論を書かなければ卒業できない。あんなにいじくり回した古文書を使うのは苦手だ。苦肉の策で「交通における近代化過程」と題して日本通運の社史をダイジェストした。木村さんは「書いてきたから許すか」なんて呟きながら通してくれた。内容についてのコメントはなし。後年読み返してみると顔から火がでた。論文じゃない、コピーだ。

教員資格も取っておこうと、渋谷の池上中学校へ教育実習に出かけた。受け持たされたのは「地理」だった。毎朝新聞を読んで各地の成り立ちと暮らしぶりを話した。東京の子どもはおませである。「せんせい、帰りに家に寄って」なんて子もいて返事を困らせた。家庭訪問をした実習生などあまりおるまい。度が過ぎて担当教師から注意された。ラーメン屋の娘は自分の部屋に案内しピアノを弾いてくれた。帰り際にオヤジがチャーシューのいっぱい乗ってるラーメンをふるまってくれた。夏休みになって生徒たちが集団で下宿を訪ねてくれた。

教師も悪くないと本気で思った。

教師断念、出版の世界へ

神奈川や群馬の教員採用試験に応募した。いくら待っても返事が来ない。いらいらしていると木村さんが「本屋に勤める気はないか」と九段下にあった老舗文雅堂銀行研究社を紹介してくれた。木村さんはここで『日本封建社会研究史』なるものを出していた。また、そこが発行する月刊雑誌『銀行研究』は大正時代の創刊で銀行界では高い評価をうけていた。その雑誌の後ろ楯は明治大学の学長もした春日井薫さんだった。口が利きやすかったのだろう。面接に行く日、日ごろ親しくしてもらっていた、刑事博物館の茎田佳寿子さんにハンケチだのチリ紙だのを用意してもらい、口の利き方まで注意されて出かけた。面接は文雅堂の社長室。社長は「出版は面白いよ」と甘いことを言って採用は即決。後に退けない状況を作ってしまった。教育委員会からの返事も来ないし、教員にはなれないことを予感していたので、弱気になっていた。日ごろ人の心を耕やす仕事がしたいと思っていたのだが、それは教師も出版も変わるめえ、と自分に言い聞かせ、観念した。卒業前の三月一日から出社した。

出社すると明大の先輩菅野貞男がいた。「便所までついて行け」という社長の命令で菅野の指導を受けた。併設されていた印刷部の使いっ走りで、足らない活字を買いに行ったり、倉庫の返本整理、発送品の梱包……これ出版社の仕事かとも思ったが、木村さんと五年は辞めない約束をしたので不満もいわずに励んだ。姉さん社員には調子を合わせいい子でいた。月末がきて給料二万一千円を貰った。初給料の祝いに社長が一升瓶を買ってきた。事務所のストーブにあたりながら社長の熱弁を聞いた。一升瓶を空にするほど歓迎されてしまったのだ。夜が更けて乗った中央線で西多摩の福生《ふっさ》駅まで乗り越した。ふらつきながらアパートに帰ると朝だった。

ドアを開けると茶封筒の郵便が来ていた。群馬の教育委員会からだった。浅間山の麓の中学校に採用するという。トロッコで通勤するような山の中だが教師になれる道が開かれたのだ。まだ選択の余地はある。翌日は無断欠勤して考えこんだ。種井を呼びだし相談したが、去年の女問題に冷たく対応したためか、「自分のことは自分できめろ」と一蹴された。二、三日アパートで悶えていると木村さんから電報が来た。「スグケンキユウシツニコイ」。誰かが欠勤している哲也のことを通報したのだ。出版社に行かないなら木村さんにも報告しなければならない。慌てて跳んでいった。謝って「教師になる」と言うつもりだった。木村さんは紹介した手前もあっただろうが、「お前は本屋に向いてる」と力説した。教師に向いてない理由は言わなかった。自身の体験を交えての説得には、世間知らずの青年を思う心遣いと迫力があった。ぐらつく。一ヵ月前まで教師になる積もりでいたのに、ここで呻吟している自分を嗤うしかなかった。話は二時間にも及んだろうか。帰途、木村さんの熱のこもった言葉を反芻しながら、出版で生きていくことを選択した。

翌日、社長に一週間の無断欠勤を詫びて、文雅堂に再出社した。

編集部にて

編集の何たるかもよく理解しないうちに、月刊誌『銀行研究』の編集部にまわされた。キャップに押田将がいて笑顔で迎えてくれた。毎月の誌面構成は彼が立案した。押田の名声は金融・銀行業界ではあまねく知られ、その取材能力は群を抜いていた。押田がこの地位を得たのは、彼の醸し出す明るいキャラクターもさることながら、業界の多様な問題を真摯に追求する取材姿勢が認められてきたからである。業界誌とはいえ小説に出てくる業界ゴロとはかけはなれた品格あるジェントルマン、知的頭脳を持つ青年編集者であった。社内では頼られ、外に出れば銀行の指導者の心を開き、女子行員たちにもてた。文学と哲学に造詣が深く、よく酒を飲む気鋭の上司だった。翌日から押田にくっついて歩くことになった。

一日目、朝一番に社を出た。

九段下から都電で三つ目の小川町停車場で下車。どこにいくのかと思っていると路地裏の喫茶店だった。押田のアジトだ。矢継ぎ早にいろんなことを聞かれ、経済についての知識のないことがバレた。押田は、これでは使いものにならぬと思ったのだろう。次の日から特訓が始まった。ケインズだサムエルソンだ、金融のしくみだと知りもしなかったことを叩き込まれた。また、古田大次郎、和田久太郎、堀田善衛、レーニンなど、金融に直接関係のない思想家や文学者の事歴を注入された。このとき奨められた伊藤整の『日本文壇史』(全一八巻)は何ヵ月もかけて精読した。もちろん酒を飲むことも教えられたし、池袋や新宿、四谷の大人の出入りする街も教えられた。産毛の残ったまま、少年の気が抜けなかった哲也は、押田と一緒だと大人になった気がした。

銀行や官庁回りにくっついて歩くうち、夥しいエコノミストを知ることになった。押田はそれらの執筆者と上手につきあい雑誌の人気を挙げていった。哲也はその挙措の全てを学び活力とした。夜になれば研究会と称して、近隣の出版社や銀行に勤める若きビジネスガールを誘って歴史や経済、革命について学習した。押田の寺子屋、私塾のようなものは数年続いた。そのノートは数冊に及んでいる。

会社の印刷部門が経営不振になり、社長が閉鎖を言い出した。突然のことだったのでみんなビックリし反対した。哲也は労働組合団体・出版労協に駆け込み、応援を求めた。オルグ間彦博之が登場し閉鎖反対のビラ撒きなどを指導したが、職長と社長とのボス交渉であっさ

東京出版印刷製本産業労働組合の仲間たちと（1967 年）

り妥結してしまった。問題を外部に洩らしたことで社長との関係はぎくしゃくし始めた。哲也はこれを機に出版労働組合と緊密なつきあいを始め、間彦の指導も熱のこもったものだったため、個人加盟労組「東京出版印刷製本産業労働組合」に加入した。分会役員や教宣部などに所属し、神保町、水道橋、神田一帯で未組織労働者の組織化を狙って蠢動した。間彦と出会わなければ、その後の政党活動や諸左翼との接触もなかったろう。革新都政をつくるために押し立てられた美濃部亮吉の選挙運動に熱をあげ、政党機関紙の拡販をしたのもこれがきっかけだった。東京は寂しい町だ。孤独な青年たちが灯りを求めて結集し、地域活動は活気を帯びた時期だった。

　医学書出版の中山書店で労組結成の動きが

あり、組織者内山明夫に共鳴し公然化まで活動をともにした。中山書店は社長が社会党支持者で選挙事務所を提供するような「すすんだ」社風をもつ出版社である。著者も医学界では一流の人びとで占められていた。女性の多い会社で組合員の大半が女性だった。そのせいばかりでもあるまいが、近所の青年労働者が応援と称して蝟集した。酪農事情社の石田誠一、出版貿易の湯本辰雄、新農林の東海進らもそういう仲間だった。組合結成は成功した。デモにも行った、平和と労働会館での文化祭では芝居もやった。夜は新宿の歌声酒場にでかけロシア民謡や革命歌をメドレーした。湯本らに誘われ、娘を背負って行った多摩湖のアカハタ祭りでは、焼き鳥を食いながら赤旗を振った。

体力もあった。丹沢の山には学生時代からよくいっていた。下宿が小田急線相模原にあったこともあり、丹沢山、塔の岳などは何回も登った。また、ある年の夏休みに八ヶ岳縦走を試みた。清里から入り、赤岳、横岳、硫黄岳を越えるテント五泊の一人旅だった。これが健康的な遊びの最後で、以後アウトドアから遠ざかった。

こんな忙しくしていた時期だったが、哲也は組合活動で知り合った中村好子と結婚した。一九六七年秋、二六歳になったばかり、仲人は押田夫妻にお願いした。結婚式は健保会館で会費制。お膳だては菅野貞夫先輩と組合の仲間がしてくれた。木村さんも高島緑雄さん、宮川康さんを伴って出席してくれ「哲也の緊張した顔を見たのは初めてだ」と一席ぶってくれた。

幼な友だちの甚平、弘機や哲哉、明大のフレンド、部落研の後輩たちも何人か来てくれたが、近所の出版労働者がほとんどだった。田舎から出て来た兄貴や姉は、村のやり方とあまりにも違うので半ば呆れていた。住まいは中板橋の湿っぽい安アパートに決めた。間もなく二児の父となった。

好きな本を作って貧乏しよう

会社は印刷部門を閉鎖し何とか持ちこたえていた。伝統ある雑誌とはいえ、専門誌が売れなくなっていた。月給も上がらない。押田は何を考えていたのだろうか。肚の内は見せずせっせと哲也を引っぱり廻していた。夜になると新宿の反戦女将のいるバー「石の花」に連れ出し「行こか戻ろかオロラの下を……」と唄っていた。美声だ。部下を心配させない頼もしい兄貴分だった。

『銀行研究』での仕事は世間を広く知るには恰好の教場だった。この仕事を通して交わったエコノミストたちは多い。後年に至るまで世話になった人もいる。

日本長期信用銀行の竹内宏、三井銀行の後藤新一、第一勧銀の中村孝士、富士銀行の紅林茂夫、大和銀行永吉一郎、

住友信託の麻島昭一、日銀の山下邦男、全銀協の吉田暁、大蔵省や経企庁の官僚、銀行協会など調査部関係の面々、多くが大学の教授になっていった。

異色の人もいた。日本に一人しかいない第一勧銀の宝くじ部長は粋な小父さんで、哲也を銀座のバーに連れていった。客慣れした接客嬢が「坊や」をかまってくれた。綺麗なミラーボールが廻っていてワイシャツの汚れを隠してくれた。

横浜正金銀行（東京銀行）で鬱々としていた伊東庫之助（折原脩三）は思想の科学研究会の会長もするような思索家であった。押田とウマが合って「銀行における人間の研究」なんて銀行の儲けにならないような企画を立てたりした。その後何年もかけて「老い」と天皇についての五部作を上梓した。千葉の中山法華経寺の裏手にあった屋敷に召《よ》ばれ、奥方手作りの精進料理の味は忘れられない。

日本大学で教鞭をとっていた森静朗、安田元三のお二人は、原稿執筆だけでなく、数年後の会社設立まで面倒をかけた。どの方も押田にくっついていたお陰で知り合った人びとだった。

企画を出しても「それは売れるのかね」としか対応しない社長も面白くなかったが、月給も高が知れてる。余計なことだが、この頃はじいた計算では生涯所得二千五百万円だった。

押田が言う。「同じ貧乏するなら好きな本を出して貧乏しよう。会社を作っておん出よう」。

会社の同僚や仲間に呼びかけた。一同は仰天し沈黙したが誰も首を縦には振らなかった。哲也は「もっと高給になろう」ではなく「好きな本出して貧乏しよう」が気に入り、「従《つ》いていく」と同調した。日ごろからの調教が利いたのだ。

押田が構想していた「好きなこと」なる出版企画については、何も聞かされていなかった。どうにかなることを信じた。未来に対する不安がなかったと言えば嘘になる。押田への信頼と自分に対する過信が勝っていた。

二人は社長に退職を告げた。引き留められることはなかった。

一九七一年二月、二人は文雅堂銀行研究社を去った。退職時の月給五万九千円。退職金ももらった二一万三千円。いろいろ学び得た年月だった。

二、渡世を知る——一九七〇年代

一九六九年一月一九日、全共闘が占拠していた東大安田講堂が、警官隊八千五百人に囲まれ、水と催涙ガスを浴びせられ陥落した。翌七〇年、三波春夫の〝こんにちは音頭〟に乗せられ大阪万博に六千万の人が押し寄せていた。赤軍派の日航機乗っ取り事件も起こった。三島由紀夫が市ヶ谷の自衛隊総監部バルコニーで、自衛隊の決起を促す演説をしたあと割腹自殺したり、きな臭いにおいもたちこめていた。

会社は創った

一九七一年二月末、日本経済評論社発足。押田将が名付けた社名「日本経済評論社」は大袈裟だが何でもやれそうな響きを持っていた。田舎の親爺にバカでかいラワン材に看板を書いてもらった。拠点は神楽坂のマンションの一間。近所には音楽之友社、新潮社や学生社、旺文社などがある。机も並べ、まっ赤な絨毯も敷いた。電話も引いた。必要な什器は揃った。栗原は文雅堂からもらった退職金は全部つぎ込んだ。

押田が内緒で進めていた森静朗の大作『庶民金融思想史』が最初の出版物だ。この密かな仕事を幇助したのは、文雅堂印刷部の閉鎖を契機に印刷所を興した文昇堂印刷の親爺鈴木雅夫である。以後文昇堂とは生涯のつきあいとなる。

きちんと整理されたマンションの一室に上等なウイスキーを買い込んで、二人だけの出発祝いをした。酔いがまわり、明日からのことを考える。森さんの本だけで食いつなげるのか。二人は顔を見合わせた。

才は満杯にあった。心配するな。押田は直ちに編集下請け業を構想し「ジャパン・ジャーナル・サービス社」を広告した。永岡書店、旺文社、銀行研修社などから編集仕事が入り、息をついた。神田鍛治町に東栄堂なる実務書出版社があった。シリーズ「法経ライブラリー」を作りたいと言う。企画から編集まで全部。押田の頭がフル回転する。東栄堂は手紙の書き方や会社法解説、免許の取り方等の実務書を出してきたのだが、そこに原司郎『日本の銀行』とか小池晃『特許・商標の理論』や不動産鑑定法とかプログラマー育成法など今までとは異界の書き手を揃えて提案した。二〇冊以上の企画が通ったのだが、図書館協会で褒められるばかりで売れなかった。東栄堂の社長が「褒められるものより売れるものをつくれ」と小言を言った。栗原は東栄堂に出向までしていたのだ。お払い箱になっては適《かな》わない。苦し紛れに「易占シリーズ」を提案した。「手相」「家相」「星占い」の類である。知らない世界の著者たちへの原稿依頼には戸惑った。射幸心を煽る競馬新聞などに広告し、これは重版する程には売れた。占いの先生は芸能人に近く、テレビなどにも時々出演する。どこから入るのかお金持ちに見えた。横浜や新宿、六本木のネオン街にお供し、思わぬ芸能人と出会うこともあった。だがどこか違う。

こんなことをさせるために会社を創ったんじゃない。押田は、日銭を稼ぐために他社に出向させている栗原を哀れと思う。あいつを早くひきとらねば可哀想だ、余所の本じゃなく我等の本を作ろう。栗原は身も心も押田の背に乗せ、進む先は押田の漕ぐ櫓に任せきりだった。夕方、寂しそうに帰社してくるあいつの切なそうな顔など見たくない。「下請けなんかやめよう」押田は決断した。「自分らで本を作り、自分らの稼ぎで食っていこう」押田はその日のうちに、東栄堂との契約を反古にし、しょぼつく栗原を奪還した。「二度と辛い思いはさせないからな」。舎弟思いの頼もしい兄貴。事務のアルバイト女性も栗原の帰還を喜んでくれた。その晩は池袋の飲み屋「うな鐵」へ。萎れていた時期を助けてくれた東栄堂に感謝しつつ泣き面になっていた。

稼いだ金で

当時、金融界は「効率化行政」に追いまくられ合併や統合が進められていた。大蔵省は金融機関同士を合併させることで管理監督の効率化を考えていたのだ。信用金庫の場合もそうだった。地域密着の金融機関だからどんな町にも信金はあった。全国に五百以上もあったろうか。「信用金庫や信用組合は町々、村々にあってこそ地域金融機関だ。むやみと合併を推進し数を減らすのは庶民、小企業者の生存を阻害する」、中央大学の川口弘教授がそう主張し、大蔵省と対立していた。「信金が潰されてはかなわん」、業界はもちろん川口支持となってまとまっていた。理論的リーダーとして神様扱いされていたと言っても過言ではない。押田も川口理論に共鳴し、これを本にしないテはない、と接近した。研究者に対する押田の説得と、全国信用金庫協会の千葉忠夫さんの応援が力になった。川口弘さんほか数人の研究者が執筆した『金融効率化と中小企業金融』（全二巻）は七一年一〇月に出来た。

押田は感情に流されない合理的思考の男である。翌春には前書の執筆者を中心に『信用金庫——そのビジョンと展望』（堀家文吉郎ほか、七二年）を上梓した。栗原は、東京はもちろん全国の信金に行商し、「これを読まねば信金が潰されるぞ」と購読をなかば強要しながら、行く先々の信金に知友をつくった。後々世話になる朝日信金や江戸川信金、同栄信金などの遺り手たちとの関係は、この行商で知り合ったものである。類書がなかったとはいえ、信金の応援出版社として認められ、信金業界では少し知られるようになった。二作目は万に近く売れた。

もう他社に行って、意にそぐわぬ本を作らなくてもいいと思うと、気が晴れればれとした。押田と二人、神楽坂で生まれて初めての極上寿司を注文した。誰に遠慮も要るまい。自分たちで稼いだ金だ。われわれは、出版を通して世界を変革するだとか、出版を通して悪しき体制と闘うなどと公言した覚えはなかった。まず食うことが先だ。極上寿司を注文したくらいで後ろ指さされる筋合いはない。

出版で生きていくには業界に参入し、本を書店に流通させねばならない。株式会社として体裁を整えよう。森静朗、安田元三のお二人を初め、学界、金融業界の知友に発起人になってもらい株式会社設立を目論んだ。定款も手書きで作り、設立登記に行くと、新宿区には同業類似商号の日本評論社があったため受付を拒まれた。やむなく、栗原の住んでいた板橋区の都営アパートを本社所在地とした。

押田は、信用金庫だけではなく銀行関係にも顔が利いた。日本長期信用銀行の調査部長で名を知られた竹内宏さんに『日本の産業』を纏めてもらい、次いで三菱銀行調査部長の伊夫伎一夫さんの音頭とりで『世界の産業』を書き下してもらった。三菱は「組織の三菱」を売り物にしている。本も三菱の名に恥じない買い上げをしてくれた。このときは「財閥三菱」系統の会社の多さをあらためて認識し、社祖岩崎弥太郎の偉大さに敬服した。一〇〇部単位の注文が続々と入ってきたのだから、ウソではない。

一方、信用金庫ものでお世話になった川口教授には『現代のインフレ』『福祉国家の光と影』、少し間をおいて『ストックホルム通信』とつづけざまに纏めていただき、このお陰で信金業界の「業界出版社」と言われなくてすんだ。その意味で川口本の果たした役割は非常に大きかった。

単行本が何点か揃い、少し出版社らしくなってきた。だが、細かいソロバンを弾いてみると、依然として信用金庫関係の本が固い売上を示していた。総合出版を目指すにはまだ早い。ここはしばらく信金路線を強化しよう。押田はそう肚を決めると、また智慧が湧き上がってきた。信用金庫役職員を対象にした「信金叢書」なるブックレットを思いつき、定価三〇〇円ほどのものを四〇点以上も企画した。栗原にまた行商が始まった。ブックレットを束にして北海道から沖縄まで歩いた。何の心配もせず朗らかに出歩いていたのだ。これが二年ほど続き、何百という信金を訪ねている。出版社としての展望を見出した押田は株主に安心を与え、増えてきた社員たちにも信頼を深めていった。

『産業組合』誌との出会い

会社を安定させることは並大抵のことではない。外観の安定と資金繰りの安定は同義ではない。他人に「調子がよさそうだね」と言われるときほど、実は「火の車」のことが多いのだ。押田は真の安定につながる企画に腐心した。当てになる定期収入はないか。そう考えるのは当然であった。

経済企画庁が発表する『経済白書』(全八巻)の復刻もそんな状況の中で着想された。一九七五年に始められたこの出版は、ある程度の目的は達せられた。予約をとって定期配本するという販売方法は収入の予定がたつのだ。成功というにはほど遠かったが、復刻のような企画でも、三千部を印刷し六割の販売が出来た時代であった。単品ではなく巻数もので一定の予約がとれるもの、これを探し当てねばならない。

東京銀行が秘蔵していた『横浜正金銀行史』の復刊構想も、時事通信社にいた坂本信明さんの持ち込み企画とはいえ、喉から手を出すに値した。資料の「価値」より売れそうな予感を重視した。銀行が「非公開」を前提に作った社外秘資料だから売れると踏むのは、ある意味で当然だった。

ところが『横浜正金銀行史』は、西田書店と重複復刻となった。同一内容のものを同時に発売することになってしまった。西田書店の新聞広告を見てそれを知った。なにしろ内容が同じなのにこちらのセットのほうが高定価なのだから売れないのは当然だ。神保町と本郷の古書店に声をかけ西田書店よりも早く売り切ろうとしたのだが、古書業界を騒がせただけに終わった。完敗と言っていい。ただ、このとき世話になった神田、本郷の古書店の親父さんたちとは、ずっとつきあうことになった。

もう話してもいいだろう。ある日、そんなことで親しくなったガンナンドー貿易の西塚邦雄さんから『日本銀行沿革史』（第一輯）の原本を見せられた。ハワイの大学に売る前にマイクロフィルムに撮っておいたものだという。その復刻出版を勧められ触手が動いた。それを西塚さんはタダ同然で提供してくれた。復刻して発売すると図書館はもとより銀行筋からも注文が殺到し、アルバイトを雇って二〇〇セット以上を短期間で売り切った（定価二七万円）。『横浜正金銀行史』の損失はこれで埋め合わすことが出来た。西塚さんには恩義を感じ続けた。日銀の朝食会で土屋喬雄さんが「秘密文書がどうして彼らの手に入るのか、管理に気をつけろ」と話題にしたとも聞いた。稀覯書の出所はいつでも闇の中だ。

失敗の方が多かったにしても、こうしたいくつかの経験を経て、復刻資料と単行本を両輪にする出版形態は、この頃に体得したのであった。

押田は農協への接近も目論んだ。農協は信用金庫同様に協同組合組織だから、同種の機関

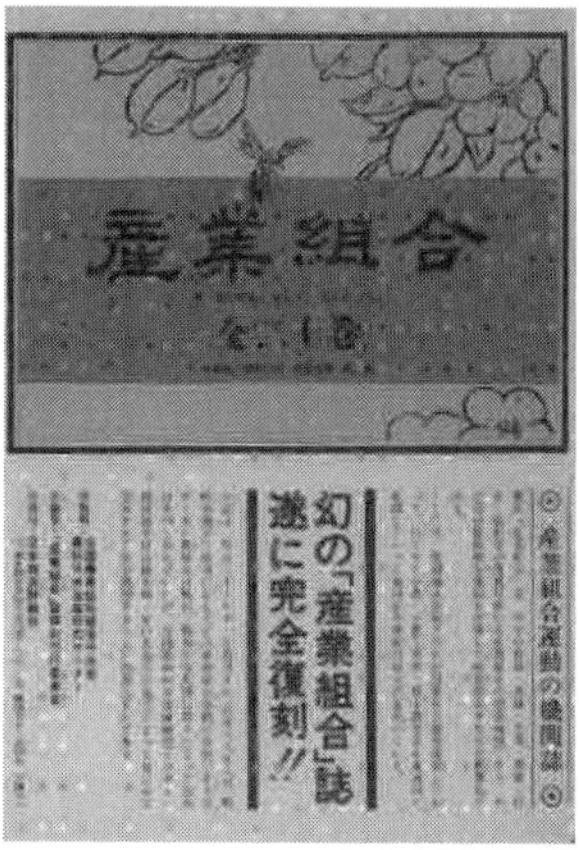

『産業組合』復刻の広告チラシ

に関する出版は理に反しない。誰も不思議がりはしなかった。農林中央金庫調査部の荷《はす》見《み》武敬《たけよし》、鈴木博さんとの出会いがことの始まりだった。農協の前身である産業組合中央会の機関誌『産業組合』の全巻復刻の企画がもち上がった。

この頃の農協は信用部門ばかりが膨らんで、農業・農民への政策がないがしろにされかかってきていた。農協が農地をつぶしてマンションを建てることを推奨したり、農地を遊ばせ補助金をあてにするようなことを奨めたりし始めていたから、農協本部の思惑としては「農業・農民の原点に帰れ」とキャンペーンを張りたかったこともある。古きに学べということだろう。農協の系統をあげてこの復刻事業を応援しようということになった。編集会議は大手町本部で定期で開かれ、会議に欠席する委員はいなかった。売り先を紹介したり、本部役員が推薦状を書いてくれたりして問題になったこともある。

復刻『産業組合』は五六巻、揃いの定価で五七万円を超す。四〇〇セット制作した。われわれも各地に出向いたが、農協挙げての応援は売上を飛躍的に伸ばした。農協を初め大学図書館、信金などが予約をしてくれ、四〇〇セットは完売に迫った。農協の組合長の中には「応接室の背中にでも飾っておくか」というデコレーション的注文なのだが、買い方に注文などつけることはできなかった。

文京区小石川にあった島村出版社の社屋に二年ほど間借りしていたが、七七（昭和五二）年夏に神田神保町に移転してきた。靖国通りに面した日当たりのいい高橋ビルの五階である。社員も募集した。本も少しは売れてきたし、人手が欲しかったのはホントだ。

谷口京延（二五）と片倉和夫（二九）が募集に応じて面接にきた。谷口は早稲田の政経学部政治学科を出て一橋大学の大学院に行こうとしていたのだが、一橋とは相性が悪く、高田馬場あたりの焼鳥屋でアルバイトをしていた気楽な青年だ。片倉は法政大や福島大で経済学を修めサイマル出版会編集部にいた手練れの編集者だった。

回転が早く素直な青年だった谷口は、押田の大のお気に入りとなり、直ちに編集実務を叩き込まれていった。片倉も協同組合関係の編集企画部門に回され、あのふくよかな肉体に喜びをいっぱいあふれさせていた。

営業マンの現場

『産業組合』誌の復刻が始まり、営業面が忙しくなった。いわゆる出張販売である。社を挙げての総動員体制が組まれていった。

出版営業とはどんなことをしているのか。余り語られることのない出張現場の話を聞いてください。

入社半年も経っていない谷口も営業に出されている。谷口は信用金庫のことも農協のことも十分に学ぶ時間はなかったろう。ましてや本を抱えての飛び込み営業などしたこともなかった。不安はなかったのだろうか。わずかな旅費を持たされて会社を出る。もちろん『産業組合』の予約をとることが第一目的だ。長野から新潟方面の農協や図書館を回ってこいという社命。栗原の手許には社員の出張報告が残されている。その一つ谷口の報告を再現してみる。

【谷口の営業報告】

三月一六日（一九七八年）

・長野県農協中央会・小田切教育部長に面会、次長が同席してメモをとっている。小田切部長とのやりとり。

「『産業組合』の紹介に来ました。農協中央会本部の紹介状もあります。いかがでしょう」

「こんな古いものを読んでる時間があるかねえ……。まあ、本部の紹介だ、農協学園分と役員室用に各一セット購入しておこう。佐久病院の方には私から推薦しておく。傘下の農協には教育部で推薦状を書いて斡旋しよう」

北原専務が入室してくる。

「丸岡秀子さんともお付き合いがあるのかね。今年は丸岡さんとの対談を実現したいものだ。そのときは力になってくれ」

・長野信用金庫に回り、総務部の岡田課長を訪ねる。

「原点は大事だ。基本資料は揃えたいが、予算を決めたところだ。八月にもう一度いらっしゃい。買えるように予算をつけておく」

・長野県信用組合では宮坂総務課長に面会。

「理事長がウンと言わねばどうにもならん。理事長には大学の先生から勧めておいてもらいたい。そうすれば購入すると言うかも知れない。私には決定権はない」

・長野県立図書館の藤木主任。

「昭和五四年の完成をめざして新館を建設中だ。七〇万冊の収容力となるはず。紹介の本は地元の本屋を通して買うように取り計らおう」

・西沢書店・若い松野店長。

「十年前から店内のゴタゴタが続いている。慶應年間より本屋をやっていて金はあるので心配はない。本が売れなくてもあまり気にはせん。県立図書館の分はうちから入れよう」
こんな調子のやりとりで感触は悪くない。翌日は新潟へ入っている。

三月一七日
早朝より新潟経済連、新潟県信連、中央会をまわり、新潟大学に行き生協で遅い昼飯。県立図書館、書店四軒を回って夜汽車で富山県へ。

三月一八日は富山県、翌日は石川県へと息つくひまもない。この一連の行商で『産業組合』の予約を一三セット成約させている。えてして、出張報告は成果の部分だけを報告する。負の部分は報告されないし記録にもない。
もちろん他の社員も同じように出張に出て各地を駆け巡っていた。少し前からいた小早川光（総務）、鈴木朋実（営業）、宮野芳一（編集）、原田明典（営業）も各地に飛んで懸命に営業している。それぞれの出張報告は詳細を究め訪問先でのやりとりが生々しい。『産業組合』四〇〇セットの予約とりつけは、門前払いや時間をとった割にはただの世間話に終わることもままあった。冷やかされたり、辱められたりしたことはなかなか報告されていない。社員は悔しさなど報告しなかったが、辛い思いは隠されていたに違いない。
栗原も一人営業の経験はあっても、部長として部員の心情を汲みとる訓練は出来ていなかった。労いの言葉をどれほどかけていたろうか。営業とは成約だけではないことを理解していなかった。

自分のことも話そう。これは報告ではなく自分用のメモだ。
同じ年の五月、栗原も沖縄に飛んだ。四日間の予定であった。残されているメモは細かく字が乱れている。帰りの飛行機の中で書いたのかもしれない。

【栗原の場合】

五月一六日

・早朝より沖縄東販・坂本氏に面会、主要書店の概況を聞く。すぐ沖縄日販に回り同様のレクチャーをうける。午前中に沖縄県農協中央会へ行き、下地総務部長と宮平農政部長と会う。

総務部長の悩みと課題を聞いた。
「われらの当面する課題は、米軍支配解放後の農民の方向を示すことにある。しかし、具体策が示せていない。目先のことに追われ疲れている。勉強しているうちに突き当たったのが農民協同運動の強化ということだった。具体的に何をすれば効果があるのだろう。農協史、産組史は中央会の常務や信連の前田参事が生き証人で勉強もしている。しかし、制度史、政策史であり、生き生きしたものにはなっていない。血の通った話をしてくれないのだ。それに応える学者は沖縄大の大井先生か琉球大の饒平名《よへな》先生くらいか。戦後の研究では沖縄国際大学の来間泰男も力になってくれると思う」

・次いで、沖縄県信連に行く。企画推進部山里部長と仲村課員。

仲村「おすすめの本は買うことにしてあります。お帰りになる頃までには正式決定しておきます」

山里「沖縄主産物のさとうきびは、内地の米に匹敵するものだが、粗放経営で収穫できてしまう欠点がある。半農半サラで、軍関係に勤める農家も多い。離農も増えている。土地を残したままどっかへ行ってしまうのだ。政治の関与なしに沖縄農業の将来は考えられない」

・沖縄経済連に回る。総務宇佐実雄さん。「『産業組合』は県中央会で買うと聞いたのでうちはやめようかと思っていた。分割にしてくれるなら購読してもいい」

・沖縄共済連仲村企画管理課長「なぜ予算を決める三月までに来なかったのだ。こんな本が出ていたなんて、大湾部長くらいしか知らなかったろう。年度末までにはきっと買うように手続きする」

五月一七日

・沖縄国際大学の来間泰男研究室を訪ねる。昨日の下地さんの話を伝えると、「私のような者が、沖縄経済史、農業史においてハイレベルと言われることは、三大学にとって悲しいことだ」と。そして、沖縄農業史の時代区分についてのレクチャーが始まる。「先生。この話、本にしませんか」と言うと、まんざらでもない顔をした。

・琉球大学吉田茂先生に会う。曰く、

「農経学者にはマル経が多いが、ただ闘うというだけでは沖縄経済は何も解決しない。海洋博覧会は農業整備のチャンスだったが、われわれは浮かれ過ぎた。それに続いて倒産と失業が起こった。気が重い。甘味資源の少ない日本は沖縄のサトウキビを見直す必要がある。琉球大学に入る学生は農民出身者ではない。ご紹介の『産業組合』は購入することに決めてある。手続きしよう。……」

・次いで沖縄大学に行く。お目当てにしていた歴史学者安良城盛昭さんは講義中のため会えなかった。仲地図書館長に会って『産組』を入れてくれと頼むと、「金がないから買えない」と明快に断られた。

・県立図書館では、『産業組合』の前に『日本銀行沿革史』(二七万円)の注文を受けた。

琉球銀行では調査部奥村次長と牧野調査役に面会。牧野の論文「主役不在の経済開発」「沖縄の住宅事情」等の抜き刷りをいただく。わが社の資料集は『経済白書』も『横浜正金銀行史』も『日銀沿革史』も購入していて、『産組』も購入を約束してくれた。

喫茶店に入り一服してから沖縄信用金庫、沖縄教販、コザ信金に顔をだし、夕方また東販沖縄支店に行く。夜の相手は違った。河野所長が待っていて、沖縄料理屋に連れて行かれた。沖縄舞踊を観ながら東販の自慢話を聞かされる。お代はこっち持ちだ。みなさん接待に慣れていらっしゃるようだった。

翌日は書店に顔を出し、夕方、講義のない来間泰男さんとステーキを食べながら沖縄の学者事情を聞く。いろんな先生の裏話を仕入れた。時間は早かったので、昨日会えなかった安良城さん行きつけのバーに行き、先生を待つことにした。いくら待っても来ない。真夜中近くなったころ先生が登場した。相当酔っている。「センセーッ」と店の女の子が嬌声をあげたがあまり気にしている様子もなかった。「学校の土地を売ってきた」みたいなことを言ってるのだが、よく聞き取れない。名刺を出して挨拶したが、あの怪異な目でギョロリと睨んだだけで、名刺は見てもくれなかった。これじゃ忘れられるな、と思ったが、明日の朝は早く飛行機に乗らなければならない、諦めて店を出た。これが高名な歴史学者安良城盛昭さんとの最初の出会いだった。先生は学長もしていて沖縄大学の存亡をかけて最多忙のときだったようだ。

この沖縄出張では予約獲得と書店注文を合わせても予定以下の受注だった。これじゃ会社に帰ってどんな報告をすればいいんだろう。

報告ノートを見ると、谷口は滋賀から北陸へ、原田明典は北関東へ、小早川光は京都へ、片倉和夫は福島、宮城へ、鈴木朋実は名古屋へ、宮野芳一は鳥取、島根へと『産業組合』の出張販売は絶え間なく続けられていた。

来間泰男と『沖縄の農業』

翌一九七九年三月、来間泰男さんの『沖縄の農業――歴史の中で考える』（定価二五〇〇円）が出来た。去年会った時依頼した本だ。「この本は沖縄で売ってこい」と押田。

栗原は即座に沖縄に飛ぶ。本は既に二千冊も船便で送りつけてある。今考えればいい度胸だ。いくら来間さんと示し合わせているとはいえ、一地方でこれほど見込むことは狂気である。欲のかきようが尋常でない。

四月一一日

沖縄経済連労組の上間氏に面会し、県内労組に同行を依頼し了承を得る。上間氏は「私が同行すれば効率もよかろう」と快諾してくれ、早速腰をあげてくれた。

最初に沖縄県労働組合協議会新里昭則委員長に面会。「経済連労組が推薦しているものなら積極的に広める」と取り組みを約束してくれた。続いて全沖縄製糖労働組合へ。ここでは委員長が直接出迎えてくれた。委員長は社会党員で、支持党派の違う来間のことは好みでないと言いながらも、九組合七八五人の組合員に向けて紹介してみよう、三〇〇冊くらいは読めるかな、と好意的であった。

県庁に回る。沖縄県職員労働組合では副執行委員長の峰原恵三さんとオルグ担当の当間氏が出迎えてくれた。峰原さんは農家出身で沖縄農業に詳しくこの出版の意義も理解してくれた。自治労沖縄県本部では、組織担当者が対応してくれ「労農提携を七九年方針でうちだしたが、なかなかうまくいかない。この本をきっかけに運動を強めていきたい」と建前を言いながらも、この人自身の態度に曖昧さを感じた。「会議にかけてニュースにのせよう」とは言ってくれたが、どこまで真剣にやってくれるのか？　ちょっと心配。

県農協中央会労組委員長宮平真孝氏。この人の対応には感激した。『産業組合』も購入しよう、来間さんの本は全職員に読ませると言ってくれた。夜は上間、宮平、来間を呼んで居酒屋で深更まで飲んだ。沖縄の仕来たりに従って現金払いのために換金してテーブルの隅に積んでおいた百円玉がみるみる消えていく勢いだった。

翌日から書店と大学に顔をだす。夕方、「共同体研究会」なる集まりを覗く。安良城盛昭さんを中心に運営されている会だ。会議の内容はよくわからなかったが、歴史、経済、文学など分野違いの研究者が一五人もあつまっていた。安良城さんは去年の飲み屋での一件を忘れ去っていた。

沖縄国際大学図書館では、二つの資料集の注文をもらい、気をよくして生協書籍部を訪問。責任者の田中さんは気さくな人。「生協に本を買いにくる先生は代々木系か民青同盟員と見られている。売上は近くにある朝野書店に負けっぱなしだ。この生協をつくったのは来間先生たちだ」などと奇妙なことをいっぱい聞かせてくれた。

帰るまでに、二六ヵ所訪問した。訪問した組合に注文予想を聞いてみた。ざっと一五〇〇冊になった。水増しのないことを祈りたい。

四月一四日。

帰りの飛行場に来間さんが見送りにきてくれた。残ったものは何とかするから安心して帰れ、と言われて気持が楽になり、沖縄が好きになった。

いい気分もそこまでだった。東京に帰ってから、ある書店の親父さんからお叱りの電話がきた。「せんだって営業にきたのは誰だ。組合に直接購入を奨めておいて書店にも売らせようというのは、どういう魂胆だ」とえらい剣幕である。どこかの組合に見本を持って紹介しにいったのだろう。「それは出版社が直接来て注文とっていった」と言われたのだ。販売努力をしようとしていた本屋さんに恨まれるような売り方をしていた。これは営業としては深く反省しなければならなかった。

この『沖縄の農業』は三千部の初版。一般書店には八二〇冊の配本でほぼ完売、沖縄に二千部送っているから残部なし。興行成績は上々であったが沖縄の書店に叱られたことが頭に残り、栗原はイジイジしていた。営業マンは売上の結果だけを記憶すればいいと慰めてくれたものもいたが、栗原に居直る神経はなかった。

この四日間の出張経費のメモがある。飛行機賃五七、〇〇〇円、旅館代一三、三一〇円、接待費二九、〇八〇円……計一〇万以上費っている。

もう少し現場の話を続けるが、お赦しいただきたい。

一〇月一七日（一九七九年）同じ年の秋だ。福岡出張。『産業組合』の販売はまだ続く。営業の腕は上がらなかったが度胸はついてきた。

・福岡農協購買連合会赤間辰美常務に面会。

「この資料集の価値がわかる者がどれだけいるか。農協をダメにしたのは政治にある。補助金を出すことは、昭和二十年代とは質的に違ってきている。福田・中曽根がいるだけで群馬のコンニャク（蒟蒻）に補助金を出すというのはどういうことだ。それをあてにする農協はどんな役員がいるのだ。農協の役員も農民をダメにしている。キミが持ってきた本は買うから今日は帰ってくれ。中央会に行ったら坂本参事に会え」

赤間さんは明快である。こういう人が営業にはいちばん有難い。

・福岡県農協中央会坂本さんは東京出張のため会えず。神崎総務部長が『写真集産業組合運動の世界』を即金で買ってくれた。

・福岡県文化会館（図書館）久保田図書部長。

・市民図書館には金はあるが蔵書はまだ少ない。あなたの奨める資料が意味のあるものならここでも年内に結論をだす。会議にかけるから後で連絡をくれ。と言われ市民図書館に行く。

・市民図書館宮原図書係長。「図書選定会議に掛けてみよう。私が乗り気になれないから購入しないだろう」。率直に「買わない」と言ってもらったほうが気持いいのに。

・西南大学図書館。『明治中期産業運動資料』（八五万円）は、原田三喜男先生が購入希望をだしているから近いうち注文する、とのこと。

・福岡大学図書館。「年度初めに来てくれ。今頃来ても金はない」

・福岡信用金庫総務の馬場さん。「『産組』は理事長にウンと言わせるテがある。今月中に注文するから待っててくれ」

・福岡大学副島保教授の自宅へ。

七月に当社から『佐賀銀行小史』を出版したばかりである。話は一方的に始まる。九州経済学会というのがあるが、あれはマル経の集まりで気に食わん。宮野君と図書館へ同行したこと、富士銀行へ勤めている息子のこと、兵隊にとられたこと、証券経済論の学者の程度の低いこと、それにしても貴社は活動的だな。と言いながら『銀行叢書』を予約してくれた。ところで、せんだって出した本には重大なミスがある。直さねばならん、訂正原本を作るから承知してくれ。頼まれている教科書「日本経済論」の原稿はほぼ出来てる……話は夜の九時まで続いて相当くたびれた。

東京にいる社員小早川光に電話を入れる。夜の自宅に会社の用事で電話などしないでくれ、と不機嫌だったが、悪いと思ったのか「押田社長は今度の『産組写真集』を五〇〇万円売る、と張り切っている」と励ましのつもりで社長の喇叭を伝えてきた。売るのは兵隊たちたぜ。そういう話は威圧に聞こえても励ましにはならない。外はヒドイ雨。吉塚駅前の鹿児島屋旅館に飛び込みで泊まる。
・翌日、九州大学文学部藤野保さん。図書館資料課長と相談してみると言う。次いで法学部図書館、産業研究所とも芳しい反応は得られない。農学部に行き梅木、三島徳三（北大）、高橋伊一郎、藤尾雄策さんらと面談の後『流通史資料』（二〇・五万円）成約、そのまま五人で昼飯。三島さんから「農産物市場研究会」の事務局をやってくれ、機関誌も出してくれないかと持ちかけられる。協同組合研究会は美土路達雄事件以来活動が鈍っているが、再建の動きがあることも知った。
・九州大学教養の福留久大《ひさお》さん。去年の雑誌『経済』（新日本出版社）に載った暉峻《てるおか》衆三先生の論文は勉強になった。私の『大内力還暦記念論文集』（東京大学出版会）に収録された論文は読んでくれたか。貴社の「評論」収録の外山、志村論文は面白かった。そんな話のあと『本邦鉄道の社会経済に及ぼしたる影響』を一冊買ってくれた。
・佐賀に飛ぶ。佐賀大学の伊東勇夫さん。
「『協同組合間協同論』は来年五月に脱稿する。江里口、陣内らと一緒だ」、そう言って執筆レジュメを渡された。「東京に行ったら会社に寄らせてもらう」と親しみをこめて言ってくれた。ところが、この本は御茶の水書房から刊行された。東京に来ても寄ってもらえなかった。この奇怪な背景は知らないままだ。
北九州大学にも足を延ばした。産業経済研究所で白石さんに面会。貴社の資料集は大体買っている。『明治中期』も入れようとおっしゃる。そのあと数軒の書店に顔を出し新幹線で帰る。汽車の中ではひたすら眠った。

栗原の出張先での実話を紹介したが、それだけではなく前述のように、社員からの夥しい報告も残されている。この格闘にも似た活動が当時の経営を支えていた。出版社で本が出し続けられるのは、こうした営業活動の上に成り立っていることをご理解いただきたかったからだ。あまり話すことのない営業現場を長く紹介しすぎたようだ。
ただ、注文が取れたり、書店で本が売れることは喜びである。営業マンはそれを快感としなければ続けられない。栗原は、本が売れることの快感は、さらに次の欲望を増幅させる「妖力」があることを感じながらも、日常の稼ぎ、目先の快感に主体性を失ないそうであった。

空前の売上げ

『産業組合』の復刻セットは順調な販売実績を上げていた。七九年九月七日現在の予約状況は初版部数に達しようとしていた。金額にすれば二億円を超える。さらに農協図書館の長老古桑実さん編集の『産業組合誌総索引』（定価四万五千円）も四〇〇冊以上の販売を達成し、産組関係だけで空前の数字が上がっていた。つい、少し前まで年商で一億に到達していなかったのだから数字的には大躍進であった。会社という生き物は、その背後にどんな苦しみを内蔵していても、成長しなければならない。成長の目安は売上の拡大、これは資本主義の摂理なのだ。

みんな大酒は飲んでいたが何か落ち着かない不安気な日々を過ごしていた。「こんなに農協や信金、図書館、研究室を回っているのに注文がこなかったらシンキ～ンといって化けて出てやる」と冗談にまぎらわせた悲鳴も聞こえていた。空前の売上げながら、「当面の課題」なるものは常に金不足で、号令は、「売上拡大」でしかなかった。それは問題解決の一つではあるが、答えではなかった。

問題の解決は売上げを伸ばせば得られるのか。労働者が人として参加していない会社は会社ではない。会

初期の売上高　　（単位：万円　※は株主配当有）

年度	売上高	制作費	管理費	社員数（人）	配当
1970～1973は資料なし					
1974	2,890	2,244	2,017	5	
1975	5,452	4,381	2,492	5	
1976	9,830	6,295	3,811	7	
1977	16,831	9,965	6,860	11	※
1978	24,295	15,722	9,738	12	※
1979	34,841	23,430	12,411	16	※

社は金を稼ぐところではない、人が生きていくところなのだ。そこに己の居場所がないものにはすべて不安がつきまとう。己のいない会社で売上倍増など何の答えになるだろうか。だが、月給の出ている限り、それに異を唱える者はいなかった。

栗原は自分を「経営労働者」と位置づけてきたが、経営と労働の狭間で呻吟を続けるしかなかった。社員が悩み苦しんでいるのを眼で見、耳で聴いていたのに、どうすればいいかの知恵がなかった。「文句言わずに売ってこい」と号令できない曖昧さがあった。

売上げが上がるにつれて押田の振舞いに変調を感じた。新企画をたてるのが押田の任務だがその多忙さだけだったろうか。栗原と酒を飲むことが極端に減ってきた。

飲むとはただ酒を呷《あお》ることではない。相手を見ながら己を見つめることなのだ。信ずるとは「人」と「言葉」を交わすことから生まれる。飲むことはそれを支えるお薬なのだ。この日常あって関係は進化する。押田の姿は栗原にとっては姿見のようなものだ。逆もそのはずだ。栗原を除外しては世間は見えない。押田なしに世界は見えない。栗原はそれを堅く信じていた。押田は栗原に代わる新たな知性と遭遇したに違いなかった。迂闊にもその大事な瞬間を栗原は感知できなかったのだ。

言い方を換えよう。

栗原は現場においては労働者である。社員と一番接しているのだ。その男を傍に置き夜通し話をしていたら、今、会社に巣食っている「妖怪」の正体を突きとめるヒントが得られたかも知れなかった。押田も前途の困難は予知していたはずなのに、何を見ていたのか。栗原はそれを突きとめるために押田の胸に問いかけたか。猪突するフォワードを制止《タックル》できなかったのか。兄貴は俺を飛ばして誰にボールを渡そうとしているのだ。

噴き出る企画

栗原が何を考えていようと『産業組合』の販売は好調が続いた。農協からの前払金や取次店への定期配本で入金状況は順調だった。桁も違ってきた。衣食が足りて押田の頭脳は以前にもまして先鋭化した。企画がマグマのように噴き上がってくるのだ。手足が欲しい。社員を増やしたい。

七八年には新卒採用三人、七九年には五人。八〇年二月には九段会館を借りて入社試験までやり新卒を採用した。長老株主を面接官にして一日がかりだった。学力優秀を自任するフレッシュな新人を増やし、編集部に坐らせた。気がつくと社内に六大学の青年が揃っていた。アルバイトを含め総勢は二五人を数えた。

『産業組合』の復刻事業は農協・農業分野に進出する大きな梃子となった。農協や農業研究者というのは、日常的に農民を連想して仕事をしている人たちであり、観念的な農民共感者

配本日まで記されている広告リーフレット

も多かったように思う。「農業を守れ」と言うとき、農政の誤りを指摘し「お上に逆らえ」的な情念を共有してしまうのだろうか。彼らとの接触が深くなるにつれて、押田の深奥に棲みついていた文学心が胎動した。農業と農民が抱える現実を記録しろ。

「常民叢書」は押田快心の企画と言えるだろう。今そこに生きている農民たちの記録を残そうというのだ。そこには成功談の中にも、苦労話の裏にも「こんな百姓にだれがした」という悔しさが共通してにじみ出ているのだ。家の光協会がかつて編集したシリーズ「土とふるさとの文学」を連想した。こちらは昔の話ではない。現代に生きて行政や地域や歴史と格闘している人々の話である。農民の苦悩を浮き彫りにできるいいドキュメント企画だと思った。

シリーズの巻頭は『初手はの』（初手＝最初、発端の意。全二巻）。著者は真藤ミチヨ・アヤさん。ミチヨさんは、石川島播磨重工業の社長からＮＴＴの初代社長になった真藤恒さんの母御である。久留米の老婆の語りである。息子の真藤社長は当時「合理化の神様」みたいに呼ばれていた「時の人」だった。この有名人のお袋の語り記録だ。それに続けて二十数巻の企画が発表された。全国にまたがる百姓や漁民・杣人の自分史であり時代と世俗の歴史である。広告チラシには定価や配本日まで記されている。編集や営業の体制が整っているかは別話であった。

だが、それ以上に社内を驚かせたのは新書判「日本経済評論社文庫」の展開であった。定価五〇〇円か七〇〇円で初版は三千部発行。一九七七年六月一〇日付の「発刊の言葉」とともに文庫の構成が公開されている。

①銀行叢書を創刊する（一〇〇冊）
②信用金庫叢書を入れる（一〇〇冊）
③信用組合叢書を創刊する（五〇冊）
④協同組合叢書を創刊する（五〇冊）
⑤金融経済の名著を網羅する（一〇〇冊）
⑥信用金庫小史を創刊する（……）

毎月八日に五冊ずつ刊行する、とブチ上げている。

「銀行叢書」は地方銀行の「小史」で銀行に入社志望の学生も読者に見込んだものだった。滋賀銀行、佐賀銀行、東邦銀行、伊豫銀行などマイナーな銀行から始めたせいか、当該銀行も

柴田敬先生（1974年）

当てにしたほど買い上げてくれず、期待に十分応えてはくれなかった。「信金叢書」は数年前に刊行したブックレットの改装版で読者に見破られ息がきれた。「協同組合叢書」は農協関係者との付き合いで生まれたもので、書き手にはこと欠かない。農林中金や全国農協中央会の識者が著者となって名を連ねた。

ただ特筆しておかねばならぬ新書がある。伊東光晴と宮崎義一の対談で「忘れられた経済学者」と言われた柴田敬を再び明るみに出したのは『エコノミスト』誌の編集部だが、それに感応してスポットライトを当てたのは押田であり、実務を担当した宮野芳一であった。河上肇と高田保馬に経済学を学び、マル経と近経を超越した研究者。知る人だけが知るに近かった柴田に近づき、回想記『経済の法則を求めて』を世に出したのだ。あまり知られることのなかった柴田の登場に経済学界から注目を浴び、柴田は現代に蘇った。この本が出たとき柴田はすでに七六歳であったが、「最後の本だ」といって日本経済評論社のために『転換期の経済学』を書き下ろしてくれた。どちらも版を重ね柴田自身を元気づけ、周辺も柴田の家族も大いに盛り上がった。
柴田の復活を最も喜んだのは、ミルとマルクスの研究者、甲南大学の杉原四郎さんだった。柴田の弟子だ。杉原さんは、明星大学の公文園子さんら柴田晩年のお弟子さんらとともに『柴田経済学と現代』など柴田理論の意義を説く研究書をまとめてくれたり、『経済の法則を求めて』の増補版の刊行にも力をかしてくれた。初版から数えれば優に万を超えた。柴田の発見と遭遇は「経済評論」社を標榜するこの社の根幹を支える路線に繋がっていった。杉原さんは後に、『東京経済雑誌』や『エコノミスト』の復刻、柴田の追悼文集の刊行にも、惜しみなく智慧と力を出してくれた。

新書ばかりではない、押田は総合雑誌も野望していたのだ。
『季刊評論』がそれである。しかし、それは押田の思考が爆走し始めたことを示すものだった。専門誌を目指したか総合誌を目指したかその詳細な企みは議論されぬまま計画は進行した。特集は、次のように組まれた。
第一号「農協運動と組合員教育」
第二号「金融制度の転換」
第三号「混迷する産業社会の転換を求めて」

第四号「課長たちの鎮魂歌」
対象読者はどこにあったのか。慶應義塾大学を卒えた才彦《さいげん》瀬川信一を担当として進行した。雑誌の出し方を心得ていたわけではない。販路の事前調査も不十分だったし、出版体制も整えられていたわけでもない。瀬川がいかに努力しても読者の定着は困難であった。ロクな宣伝もしない雑誌が売れるわけもなかった。それでも三号雑誌にはせず、四号まで出して廃刊にしたのは押田の意地でもあった。

南良和は秩父地方の農村・農民を被写体とする専門写真家である。南の写真集『日本◎農民』は、過剰投資に苦しむ七〇年代の農民の姿を活写したものである。現代農業が抱える問題を画像化したといってもいい。

構成は粟津潔で、解説は松永伍一、丸岡秀子、渋谷定輔、村田廸雄といった斯界の錚々たるメンバーに登場願った。少なからぬ衝撃を与えるはずだったが、大手町の農協中央会会長は「今の農民はこんなに暗くない、これは戦前の百姓だ」と推薦を拒んだ。野坂昭如、山下惣一、吉武輝子さんなどにも推薦をもらっていたのに当てが外れた。この写真集の編集・販売は宮野芳一が一手に引き受けた。宮野は、南さんを伴って、南ファンのいる秩父の山奥まで出向いて書店をオルグした。

また、歴史写真集として『産業組合運動の世界』(B４判、一万八千円)も作られた。これには古くからの社友内田啓吉が力闘した。

復刻資料では『中央農事報』（全一二巻）、『近代日本商品流通史資料』（全一五巻）をほぼ同時に進行させていた。またそれらと併行して『明治中期産業運動資料』（全四三巻）も発進させた。

これは明治政府農商務省官僚であった前田正名が、地方産業振興には各地の正確な実態把握が必要であるとの主張にもとづき実施された、府県別「農事調査報告書」の集成である。東京西ケ原にあった農業総合研究所の官庁エコノミストたちの協力を得て始められたのだが、あるはずの資料がなかったりして結構な手間と探索費用がかかった。各県別に解説者をつけて、その数六〇人を超えた。予告が先行しているのでそれにあわせての刊行はきついものであった。入社二年を過ぎた谷口京延が担当した。企画を主導した農業総合研究所の研究者にも偏狭頑迷な人はいる。谷口はそんな人たちとしばしば衝突した。「お前はクビだっ」などと怒鳴る官僚もいた。むくれて地団駄を踏む谷口だったが、よく耐えた。歯ぎしりする彼の居場所は、神保町の飲み屋しかなかった。栗原は、悄気ている谷口に焼鳥を付き合うくらいしか慰める方法を知らなかった。難航した『明治中期』の刊行が終わったのは、一九八〇年の暮れだった。

こんな折に、『鉄道史資料』が企画に浮上していた。法政大学の野田正穂さんが火付け役だ。

和光大学の原田勝正さん、学芸大学の青木栄一さんも後押ししている。昭和七・五・三年生まれの鉄道三博士といわれるトリオに、立教大学の老川慶喜さんを加えて編集会議が頻繁にもたれるようになった。鉄道博士四人組の誕生だ。谷口が鉄道番に指名された。これが長いつきあいとなった谷口と「鉄道史」との出会いであった。

単行本企画でも毛色の変ったものが出はじめた。哲学者内山節さんと出会ったころからである。内山節さんの代表作である『山里の釣りから』は何回かの増刷を重ねる売れ筋の本となった。不特定多数の読者がいる本をつくることこそ、編集者冥利に尽きる。これで生きられるなら出版社を作った甲斐もある。押田の脚は再びアクセルを踏み込んだ。

内山　節『山里の釣りから』
薄井　清『あの鳥を撃て』
折原脩三『老いるについて』
高田康孝『三十五歳の歳時記』
原田　津『死ぬときだけの方言』
森　　清『西葛西―馬込沢間』
草川　俊『野菜博物誌』
茂木和行『見えない金融機関』

丸岡秀子『女のいい分』
寺澤　正『ムラの耀ける日々』
と、所謂「一般書」が続々と企画され姿を現した。出版物の激変に大手町や丸の内の書店が目を剝いた。新丸ビルにあった大手町書房のお姐さんは「こういう本は扱えない。他所に行け」と注文取りに行った栗原を撃退した。
だが踏み込んだアクセルの中に、その後の方向を示す二つのシリーズが蔵されていた。
◎シリーズ『近代経済学古典選集』
この内容構成は柴田敬、中山伊知郎、安井琢磨を監修者として編まれた。名著の新訳復刊である。富士銀行調査部にいた東米雄訳・ミーゼス『貨幣及び流通手段の理論』をはじめ、ワルラス『社会的富の数学的理論』(柏崎利之輔訳)、ジェボンズ『経済学の理論』(寺尾琢磨ほか訳)、チューネン『孤立国』(近藤康男・熊代幸雄訳)などを新訳刊行する目論見だ。これは命脈の長い企画となった。丸善・紀伊國屋などの外商部が注目してくれ、予約配本も順調にすべりだしていた。もう一つ、この社の看板にもなっていくシリーズがある。
◎シリーズ『ポスト・ケインジァン叢書』
設立間もない頃に出した『現代のインフレ』以来、親交を深めていた中央大学川口弘さんが主宰していた「ポスト・ケインジァン研究会」の会員を翻訳者とするシリーズである。ケインズ以後の近代経済学の最前線の研究を紹介しようというものだった。欧米にポスト・ケインズ派は多くいて原著にはこと欠かない。川口さんは弟子の緒方俊雄・福田川洋二さんを叱咤してクリーゲル『政治経済学の再構築』を第一回配本に設定してくれた。これはシリーズの冒頭でもあり、近経学者から歓迎され重版する勢いであった。

これら二つのシリーズは後年には重要な柱となるシリーズであったが、当時は、噴き上がる新企画の中で、集中した販売努力もできず、他の新刊本の陰に埋もれているしかなかった。

切羽詰まる

真藤ミチヨさんの語り記『初手はの』(常民叢書)上下二巻が出来た。

真藤さんは久留米の人である。前述したように、息子はＮＴＴの社長だ。これはご当地久留米で売らねばならない。営業部の原田明典が久留米へ派遣された。久留米の書店で。

「この地方でどのくらい読者は読めるでしょうか」

「そうだな、ざっと千人かな」

「千人もいますか」

「真藤さんはこの土地の出世頭だ。そのご母堂の書いた本だもの、そのくらいはいるさ」

「すごいですね」

帰京した原田はこの話を、なんの脚色もしないで栗原に報告した。

「ほんとに千人読めると言ったんだな」

「はぁ」

「よしっ、千部の〝注文〟ということにしよう。すぐ手配しろ」

「…………」

原田に訂正する隙は与えられなかった。

運送屋はそんな経緯は知らない。翌朝東販に届けられた上下巻各千部には東販も訝《いぶか》る。栗原が仕入本部に呼び出され、担当者から「今、久留米の書店に確かめた。五〇部ずつでいい」ことを知らされた。大勢の前で注文詐称を詰《なじ》られ、恥ずかしい思いをしながら、七階仕入れフロアーに積まれた各九五〇部をひきとってきた。久留米の書店は図書館や小中学校への働きかけを含めて「長い時間をかければ」ということを枕にしていたことを無視した結果だった。久留米の書店は久しくわが社の注文品を〝用心〟した。

国民金融公庫にいた清成忠男さんが法政大学の教授になって「地方の時代」を看板に一挙にマスコミを席巻した。清成さんの著書をはじめ地方の活性化を焦点にした本、「地方の時代」をテーマにした本はいくつか出されていた。『地域への視覚』『地域の文化を考える』『地域社会と地場産業』など、清成さんのお仲間中村秀一郎、森戸哲さんなども著者であった。

また沖縄のことになるが、その清成さんが沖縄の全市長を集めて講演をするという。沖縄一の書店である球陽堂に連絡し、当日会場で展示販売をしてもらおうと目論んだ。先だっての来間泰男『沖縄の農業』の直接販売で叱られているから本は書店で売ってもらうことに徹したのだ。球陽堂には何でもすると約束した。新聞広告はもちろん新聞折込、販売数に応じたバックペイ、ほかにも何か提示したはずだ。とにかく清成さんの本三冊を中心に五点のセットを組んだ。来場者九〇〇人の二割にあたる一八〇人に買ってもらう算段をつけたのだ。球陽堂の担当嬢はこちらの剣幕にまくしたてられ、当日の展示販売を約束してくれた。講演は一日しかない、一発勝負だ。結論は夕方には出た。皮算用の一割にも満たない販売結果だった。翌月、山のような返品が届けられた。

サイン会もやった。一般書対策である。

内山節さんは若い哲学者として売り出していた。内山さんはタレントではない。労働を通して働くことの意味を考える思索者である。その内山さんが『山里の釣りから』を上梓。思想の科学会員の折原脩三さんも『老いるについて』を上梓。そのほかに薄井清『あの鳥を撃て』、原田津『死ぬときだけの方言』など宣伝力の要りそうな本が続いて出来た。サイン会をすると内山さんに言ったら、「社会科学の本でサイン会か」と尻込みされたが、「会社がなくなったらこの本も死ぬ」と言ってつきあってもらった。社内でも、物書きとしては無名に近い人のサイン会など反対する社員もいたが押し切った。

新宿と渋谷の紀伊國屋、神田では東京堂に断られたので冨山房に話を通し、銀座では旭屋でやることになった。こういうイベントは準備が周到でなければならない。作家のサイン会は行列ができる。本も山積みされて客を待つ。われらの会はサクラを頼んで貧しい行列をつくるのに精一杯だった。わが社の著者はまだ行列をつくらせる名声をもっていなかったのだ。サイン会が終わって各書店の担当者から「もう二度とこんなこと考えないでね」と優しく労わられた。

スーパーの折込と一緒に配達される新聞折込もやった。全国三〇都市以上でやった。その町の書店に「ご当地」本を配本しておいての折込宣伝である。どれだけの小父さん小母さんが折込を見て本屋に立ち寄ってくれただろう。地方の駅前などでチラシの配布もしたが受け取る人は稀だった。効果はひびいてこなかった。

「カバー広告」というのを知っていますか。本屋さんでかけてくれるカバーの折り返しに広告するのだ。変なことを考える人もいるが、それにも乗った。安くはなかった。

さらに、電車の中吊り広告もやった。通勤電車でこれを見た同業者が「何を考えてんだ」と言って忠告してくれたが、書店の店頭でわれらの本が品切れになることはなかった。これらの行為は金のかかる割には注目されず、誰も評価してくれなかった。街宣車を走らせることまで言い出した者もいたが、「本はプロレス興行ではない」と反対され、それはしなかった。このラインアップでは、どんな手を使っても売れなかったろう。当時早稲田大学にいて「緑の麗人」といわれた筑波常治さんが「ここに並んでいる著者では売れなくて当然」と厳しい投書を緑色のペン書きでくれたが、もう出してしまった本だし、やってしまったイベントだった。

　栗原はやることを失って切羽詰まった。

株主に縋れ

　新人社員を採用し事業を安定させようとしたが、当座には間に合わない。人件費と制作資金の支払いに追われ、資金繰りが極度にきつくなった。並の営業活動では追いつかない。前記のような狂騒的営業行為の虚しさは押田とて百も承知だ。が、押田はびくともしなかった。

「栗原君、江戸川信金で金借りてきてくれ」

「如何ほど？」

「二千万でどうだ」

「ウッ」

　借りたものは返さなければならない。それを知ってて「ウッ」と唸ったぐらいで信用金庫に借りに行く栗原もどうかしていた。返済計画を出せと言われたらどんな計画を出したのだろう。江戸信は借り手の「気合」や「目の色」に貸してくれる土着の信金だった。「君を信じる」と言って返済計画書など要求しないで承諾してくれた。貸す方も冒険だったろうがどんな判断をしたのか、真意はわからなかった。借金証文に連帯保証の実印を押すとき栗原の手は震えていた。

どうかしていたのは栗原だけではなく、会社全体が急激な成長に動顚していたのかも知れない。貧乏にしか慣れていない者の哀しい性だ。株主総会を箱根湯本で豪華に開いたり、ユニホームを作って出版健保の野球大会に出たり、やっていることが現実と真逆だった。

江戸信で借りてきても金は足りない。押田はここで立ち止まる男ではない。天性である。

「次は株主が頼みだ」

と増資を思いつき株主に一千万の増資を提案した。

弁理士の小池晃さんに百万円出資の依頼にいくと「五〇万の損失で止めるか、それとも百五〇万を失うか」などと嫌味とも小言ともつかぬ厳しいことを言われた。それでもわれらの申し出に応じてくれた。小池さんは後に全国弁理士会の会長にまでのぼりつめる気鋭の弁理士であった。

どう取り繕おうと、運転資金がないのだ。殆んどの株主は心配しながらも増資に応じてくれ一千万円を調達することができた。押田の増資に対する説得術は真似の出来ないものであった。不安や猜疑を安心と期待に変換させてしまう胆力があるのだ。

増資に成功したが、それはたちまち運転資金にまわされ、借金と同等の機能しか果たせなかった。文昇堂印刷に融通手形を切ってその場凌ぎもしたが、それは自分の足を食ったようなもの、苦痛の先延ばしでしかなかった。

増資して三万二千株の会社が五万二千株の会社になった。当時の会社を支えてくれた株主構成を記しておく。ルールに違反するかも知れないが、炎上寸前の会社を延命させてくれた株主の皆さまである。

大勢の株主を募り「協同組合」のような会社にしよう、などと話し合ったこともあったので、株主の数が多くなることに驚きはしなかったが、これは投資されたのではなく借金したも同然だという感覚に欠けていた。

大学の教授、不動産鑑定士、信金・銀行の重役、司法書士、弁護士、弁理士、おもちゃ屋、印刷・製本屋などで、社員が五人含まれている。株主の多さは取締役会だの総会だのと公的な行事や事務もかさむのだが、今はそんなことは言ってられなかった。増資した金はすぐ使ってしまった。本業で乗り切れるのか。

株主名簿　　（1980.9 現在　数字は株数）

1　押田　将	9,600	23 池 ××× （電話販売）	700
2　栗原哲也	4,400	24 田 ××× （大学教授）	700
3　森　××（大学教授）	4,100	25 今 ××× （玩具業）	600
4　小×　×（弁理士）	3,000	26 小 ××× （酒類販売）	600
5　鈴 ×××（印刷業）	2,800	27 森　××（信金役員）	500
6　安 ×××（大学教授）	2,000	28 佐 ××× （印刷業）	400
7　阿 ××××（鑑定士）	2,000	29 谷 ××× （社員）	400
8　武 ×××（信組役員）	2,000	30 片 ××× （社員）	400
9　石 ×××（編集者）	1,400	31 若 ××× （信金役員）	400
10 永 ×××（銀行役員）	1,300	32 千 ××× （信金協）	400
11 杉 ×××（大学教授）	1,100	33 岡 ××× （銀行役員）	300
12 岩 ×××（信金役員）	1,000	34 柳 ××× （自由業）	300
13 根 ×××（銀行員）	1,000	35 宇 ××××（信金役員）	300
14 妹×　×（不動産業）	1,000	36 浅 ××× （信金役員）	300
15 新　××（信金役員）	1,000	37 中 ××× （信金役員）	300
16 梶×　×（弁護士）	1,000	38 宮 ××××（無職）	200
17 山 ×××（弁護士）	1,000	39 竹 ××（銀行役員）	200
18 高 ×××（弁護士）	1,000	40 澤　××（社員）	200
19 番 ×××（税理士）	1,000	41 原 ××× （社員）	200
20 川 ×××（信金役員）	1,000	42 智 ××× （社員）	100
21 根 ×××（製本業）	1,000	43 木 ××× （国金役員）	100
22 川 ×××（不動産業）	700	計 43 名　52,000 株（2600万円）	

「お前が辞めるなら俺もよすぜ」

八月の暑い最中、宮野芳一が辞めた。宮野は押田の義弟である。創業の初期、フランスの遊学から帰ったばかりの宮野を紹介された。繊細な神経をもっているかに見えた。酒も飲み、温泉旅行なども一緒した。

宮野は辞める晩、新宿の場末で開かれた送別会で『カスバの女』を唄った。「あんたもわたしも買われた命、恋してみたとて一夜の火花…」。だれも手拍子などしない。そんな歌唄うな。涙が落ちそうになった。宮野がいなくなったあと、話す相手もなく栗原は急に心細くなった。

宮野は押田にはモノが言える仲だった。栗原の知らないところで押田に「意見」を言って居づらくなったのかもしれない。月給が増えるよりも、仕事の楽しさ、人の円滑な関係を大事にする男だ。コンセンサスがなければ仕事はうまく進まないし、ロクな本も作れない、というのが宮野の口癖であった。ここを辞めてどこかで仕事をしよう、と栗原を誘ったこともある宮野であったが、栗原はどう転んでも創業者の一人だ。まだ逃げ出す社員もいないのに一番で抜け出すわけにはいかなかった。社員に対する責任も感じてはいた。

そうではあったが、西日さす夕方、料亭「大文字屋」の座敷で押田に向かって「お話がありります」と切り出した。

「やることが早くて従いていけない。先も見えない。息も切れる。歩調の合う奴とやってくれ」と哀訴した。

押田は歩みの遅い奴を立ち止まり、振りかえって待っているような男ではない。「好きにしろ」と言うかと思ったが、意外なことを口にした。

「お前が辞めるなら俺もよすぜ」

本心か。脅しとは聞こえなかった。栗原はこんな会社は潰しちまえと思っているわけではなかった。出発の頃を思い出してみれば、退職金もスッテンテンにはたいて二人で始めた会社だった。「自分は辞めるけど好きな奴とやってくれ、他所で生きたいだけだ」という虫のいい算段だった。

押田の本心は今も知らないが、栗原はそんなにまで当てにされていたのかと早とちりし、押田の言葉にたじろいだ。辞めるにしても今辞めるのはマズイと思い、「来年六月の決算までいて、そこで辞める」と言ってその場はおさまった。生ぬるいビールを飲んで気まずく別れた。

栗原は留まったが、金繰りに目途が立ったわけではない。任務をはずされたわけでもない。栗原にはもう打つ手はなかった。考えられることはやってしまった。それでも明日から何かをしなければならない。

一九八〇年八月二〇日早朝、紀伊國屋書店本部の池田部長と対面。新宿アドホックに近い喫茶店の片隅。「当社の在庫資料を全部を買ってもらいたい。掛け値は三掛けで如何」といって資料集二億六千万相当の在庫一覧を呈示した。これが面会の主題だ。部長は面食らうというより呆れたに違いなかったが、いままで取引のあった小出版社がどうにかなってしまう瀬戸際の話だ。思案顔で、希望をもたせる応答をしてくれた。こちらは真剣だ。一度では埒も明かず、その後二度も三度も歎願した。一〇月、本部長の吉枝さん、石坂さんも交えての話し合いになった。提案してから二ヵ月近く経っている。池田部長が宣言した。

「今までの話はなかったことにしてくれ」

池田さんも一人では言いにくかったのだろう。三人がかりで宣言した。もう歎願のすき間はなかった。この宣言を聞いても栗原は暗い顔をしただけで帰ってきたのだから何らかの覚悟はしていたのだろう。

こんな空気では辞める社員がいても止めようがない。経理の小早川もいち早く危険を察知したのか辞めてしまった。押田はまた欠員を募集した。大阪大学で経済を学んだ入江友子、法政大学を出て教育書などを作っていた清達二、法律を学んだ斎藤邦泰も入ってきた。みんなキャリアをもつ強者だった。

入江はトラックの運転ができる経理である。入江を運転手にして古書業界の有力者である八木書店に資料集の山を運びこんだ。紀伊國屋の次は八木書店に泣きついたのだ。もういくらでもいい。叩き売りの覚悟だった。八木書店の社長は書目リストに数と掛け値を書き込んでいくのだが、こちらの欲しい金額に達するとピタリと手を止めた。みごと、数千万円の本が均《なら》して定価の一掛けになっていた。八木書店の社長は「うまく乗り切ってくださいヨ」と心配顔で言うのだ。この優しさに甘えて、二度も八木書店に投げ売った。

八木書店は値引き目録を直ちに発信する。その目録を見て、いくつかの図書館から定価購入した本を突っ返すと抗議電話が来た。茨城の水戸まで謝りに行った。

日販にも、東販にも日参し代金前払いを懇願した。仕入残高を見て東販は断り、日販は支払いの三割保留を条件になにがしかを前払いしてくれた。

取次店は注文した本代は翌月支払うのが慣例である。新刊を作るたびに各地の書店に電話をして「見計らい」の注文を集めた。編集部も動員して電話をかけまくった。社名も少し知られるようになっていたので、あまり疑われずこちらの希望部数をとってくれた。まだこちらの火車状態は知れ渡ってはいなかったのだ。見計らいとは店に陳列するもので売れたのではない。返品してもいいという条件つきだ。取次の窓口に閉門間際に駆込み納品した。そんなバブルに似た注文品でも年末の売上数字は数千万円に達した。

この年は、創立一〇周年に当たる年だったので、一〇周年記念出版と銘打って、『アメリカ歴史大事典』の翻訳を沢山のアメリカ学者に依頼していた。この状態では実現できそうもない。東販に援助を申し入れた。仕入部の堀次長は「個別出版社の出版企画について援助することはできない。出来るのは刊行された新刊や在庫についてだけだ」とやんわりと断られた。翻訳を依頼した学者は何十人になるだろう。原稿も一部あがってきはじめていたが断念せざるを得なかった。

京都産業大学の学長であった柏祐賢《すけかた》さんの『全集』（全二五巻）を作ろうという企画も持ち上がっていた。もちろん営業上の成果を期待してのことだ。計画書には、学会へのオルグや学者への協力を呼びかけ、京都府知事の名まで出てきている。柏さんは政界まで動かせる力があったのだが、こちらの経営がグラついていることを見破られ、打合せ段階で「実行不能」を看破された。この企画は東京丸善に引き取られ完結した。

『父と私』（全二巻）というエッセイ集も一〇周年企画で、たくさんの著名人に執筆依頼していた。これも始末できない。いくつかの企画を未來社や学陽書房に肩代りしてもらった。

取引先業者もこれほど切羽詰まっていたとは思うまい。年末二二日に忘年会という名目で料亭「大文字屋」に集まってもらった。会社の窮状を伝え支払いの猶予などをお願いする予定であった。討議資料も用意していたのだが、飲み始めて間もなく平河工業社（印刷）の和田和二社長が「お前《めえ》たち、大《てえ》したもんだ」と押田を讃えたものだから、ほかの業者も同調してたちまちドンチャン騒ぎになってしまった。討議用メモは座布団の下に敷かれ、呆然とそれを眺める押田と栗原だった。

一九八〇年末。例年なら大晦日などに出社したことのない押田が、この日はいた。取次からの集金小切手の額面を確かめ、不義理をしている多くの著者に印税を払い込んだ。小切手に数字を打刻する押田の背には何か異様な気配が漂っていた。二人は除夜の酒も飲まず黙りこくって家路についた。

債権者の前で

年が明けて一九八一（昭和五六）年になった。栗原は押田邸で新年の酒を飲んでいた。なぜか昨秋入社した斎藤邦泰が隣にいる。会社は相当逼迫しているので話は弾むはずもなかった。会社がどうなっていくのか気がかりで話題は会社の前途しかなかった。「戦線を縮小したらどうか」という斎藤に押田は同意などしなかったが、彼を黙らせることはできなかった。栗原は傍で黙って二人の攻防を聞いていた。月末の給料はどうするのか気懸かりで、酒を飲み続けるしか能がなかった。

仕事はじめに出社はしたが「おめでとう」が虚ろだ。一月末の給料資金が足りないし、振出手形も落とせないことが確実だ。

株主の新八代さん（元朝日信用金庫常務理事）が、給料の出ない社員を憐れんで自宅から退職金の一部を持ってきてくれた。それで社員の給料はでたが、手形の方はどうにもならない。

「栗原君、なんとかしろ。江戸信に行ってこい」

「へっ」

栗原はこのとき「へっ」ではなく、社長の押田を江戸信に同行し、理事長と直接交渉する場面を作ればよかったのだ。展開は違ったかも知れない。なぜそうしなかったのだ。

一月二九日早朝、栗原は江戸信の理事長室にいた。理事長は突っ立っている。

「手形を不渡りにしないでいただきたい」

「手形を切ったのは君たちで、不渡りにするのも君たち自身だ」

「お金を貸していただきたいのです」

「明日のことが今日にならなければ分からなかったのか」

「何とかしようと思っていたのです」

「何とか出来ないじゃないか。話にならん。お前らに会社をやる資格はない」

「……」

「社長はどうして来ないんだ」

「……」

不手際とだらしなさを責めたてられた。

理事長の前で対応する常務の言葉が、心配と怒りを同居させて命令口調になってきた。

「事態をすぐ全取引先に説明しろ」

「大口債権者に協力を頼め」

「不良社員をやめさせろ」

「お前に再建する意志はあるか」

「社長を交代させて取引業者にやる気を示せ」

矢継ぎ早に言われる。最後の言葉は押田がいれば言わないだろう。いたなら「お前」は「あなた」に代わり、こうも乱暴な口利きにはならなかったはずだが、押田はここにいないのだ。

江戸信とてこのまま潰しては貸した金が取り戻せない。「お前さんにやれるのか」と疑わしそうだったが、当座の手当はしてくれた。これで江戸信には頭が上げられなくなった。

社員にも事態を説明した。

社員には、給料の分割払いや昇給・賞与の停止、残業代不払いなどに耐えてくれるなら再建できる、と会社続行の意志は示したのだが、そんな不条理を認める社員はいなかった。取引先もお代の払えない会社と取引はしたくない。仕事を発注しても敬遠されはじめた。業者は勘がいい。

神田一ツ橋の日本教育会館で債権者集会を開くことになった。取引先で未収金のある二十数社が目の色を変えて集まってきた。少ない会社でも三〇万円くらいはあった。文昇堂の社長鈴木雅夫さんの司会で始まり話をまとめてくれた。

「基本的にはこの会社を守っていく積もりだ。在庫を売っての返済計画をださせるからしばらく待ってくれ」。そして大筋では、「少額のところから清算して、大口は後回しにする」ということを明言してくれた。

鈴木社長の「在庫を売る」という段で、「こんな在庫が売れるのか」(訳の分からない本という意味)とヤジがとばされた。栗原は「こんな在庫」と言われたとき、「こんなとはなんだ」と思ったが、金になって初めて「立派な在庫」なのであって、言い返せる場面ではない。

「誰が売るんだ。売り子はいるのか」

という声。栗原と押田は鈴木の両隣に座っていた。事実、営業をやる人手は一人もいなくなっているのを債権者は知っているのだ。

どの社も早く回収してさっぱりしたいものだから、早いもの勝ち的意識が表に出て、普段お行儀のよい営業マンが、考えられないほど乱暴な言葉を吐くのを実見した。口調に殺気が織り込まれている。それは小零細企業のどちらもが大変だということを物語っていた。とにかく、債権者から言いたい放題のことを言われ、返済計画を早急に出すことで解散してもらった。

ごたごたに紛れて社員がいなくなった。一人減り、二人減りで人影がない。一ヵ月の間に会社の秩序は失われていた。気がつけば谷口と入江、清の三人だけが出社を続けていた。谷口が三年半、入江と清は入社半年も経っていなかった。風前の灯となったこの社に、この三人はなぜ残ろうとしたのか、その真意はついに聞くことがなかった。

この債権者集会の体験は栗原に「商売」の厳しさと恐ろしさを教えたが、それを知ったからとて、もはやこの場から逃げようはなかった。

再出発か継承か

三月二六日、臨時株主総会が開かれた。ここまで事態が表面化してくると、正義や理論より感情が先行する。

総会では、創立以来の株主から、

「君たちの会社ゴッコにはこれ以上つき合えない」

「潰れ会社の株主になっているのは御免だ」

「だろう、だろうの期待ばかりで実がない」

など、いままで聞いたことのない発言が相次ぎ、押田の功績は一切数えず、資金ショートを起こしたことだけを責めたてた。最初からの応援者森静朗さんも押田を庇いきれなく、口数は少なかった。

株主総会は押田の社長解任を決議した。押田が反論しなかったのはこの時だけだ。何事にも衆議に屈することのなかった押田であったが、その怜悧と豪胆だけではこの決議を覆すことはできなかった。

文昇堂印刷の鈴木社長が代表取締役社長を指名された。栗原には在庫販売担当として専務の席が用意された。栗原は押田の拡大路線に伴走し、経営の片棒を担いできたという、その所業を辿れば、お前も一緒にいい思いをしてきただろう、始末をつけろと言いたかったろう。総会は栗原も解任し第三者に経営を託す道を選ばなかった。栗原は夏の辞意など吹っ飛んで、この会社に留まることを納得した。

押田はこの事態をどう捉えたか。

「潰れるときには俺に言えよ。どうにもならなかったら俺に言えよ」

と社長を解任された株主総会の帰路、駐車場の暗がりで栗原にそう囁いたのだ。

「えっ」

解任されてもなおこの社の行く手を気遣う押田なのだが、何かおかしい。栗原がこの奇妙な言葉に反応できなかったのは、文雅堂以来の意気投合があったからだ。二人だけで凭れ合える時間と空間を共有してきたのだ。この無言の理解がいままでを支えてきたのだが、その歴史が微塵も感じられない言葉なのだ。次はお前がやれ、俺も側にいるからなという発想が全くない。だから、「潰れるときには俺に」「どうにもならなかったら俺に」という自信の裏に「鈴木や栗原では潰れる」あるいは「俺がいなければどうにもなるまい」という押田の自負が読み取れる。「お前にはやれない」と言ってるのと同じことだ。辛く哀しい言葉だ。

会社は囚われの身となったも同然なのだ。

事態は二人の感情など容赦する余地なく切迫していた。もう会話もなりたたなかった。その時、二人の胸に去来したものは「明日からどうやって生きるか」であった。だが、この会社は「無」からの出発ではない。栗原はこの社が積み上げた負債と在庫を背負ったのだ。いかに赤字とはいえ、この財は必ず富に変換しなければならない。押田の「後釜」ということは、その使命を負ったということなのだ。日本経済評論社は再出発するのではない。やり直しでもない、社業継承の瞬間だったのだ。

ただ、栗原の胸に湧きあがってきたものは、取り戻せないであろうある確実な喪失感だった。創業の頃、押田とともに話した「好きな本をつくって、楽しく貧乏する」世界が幻に終わろうとしていることだった。二人が共有した素朴な幻想だった。二人の夢が、悪意のない純情資本主義に踏み付けられている。押田に兄事した栗原、栗原の従順を可とし腕脚にも代えようとした押田。結ばれていた同志的桎梏《くさり》がこの激浪に引き裂かれていく。この夜、二人の紲《きずな》は神保町の夜空に解《ほど》けていった。

三、蹌踉のわだち――一九八〇年代

こんな会社にかまうな

押田のいない会社が残った。創業の一人として後継となった栗原は、火のついたダイナマイトを抱えて泥船に乗ったような朝を迎えた。

一九八一（昭和五六）年四月一日。振出手形の残高を確定した。経理の入江友子がきれいな残高明細表を作ってくれた。九、八七〇万円、業者二十数軒。このほかに銀行借入と公租公課七、六七四万円、この合計一億七、五四四万円と集計されていた。

栗原は取引業者を巡回し手形のジャンプをお願いした。何軒かが渋ったが、その殆んどが承諾してくれた。ジャンプとは額面の何割かを支払い、その余は次回に回すという決済方法、屈辱の支払い方である。恥も外聞もなかった。この方法をもってすれば売上が極端に減少しない限りなんとか会社を転がしていけるかも知れなかった。

そんなことを思った一日、鈴木新社長が、自分の印刷所とこの危機会社の両方見るのは難儀だ、社長を退《や》めさせろと言い出した。大変だとは思っていたが、つい先だって二人体制を宣言したばかりだ。ジャンプ・棚上げを要請したのは鈴木と栗原の名においてであった。二ヵ月で新社長がいなくなるなんて、業者は変に思うだろう。鈴木が手を引くほどこの会社の建て直しは大変なのか。一人代表になるということは、栗原一人でやれるということなのか。

鈴木の迷いを聞いた国民金融公庫の重役で株主でもあったKさんが、

「鈴木さん、自分の社も楽でないのに他社まで見るのは大変危険だ。共倒れになるぞ。やめろ、やめろ。押田ならともかく、栗原では三月ともたないだろうよ。ヤツには企画をつくる能がないし信用もない、社員もまとめられない」

と新社長に忠告したのだ。鈴木さんも連鎖倒産を恐れ、勇んで社長になってくれたが、出版経営に自信があったわけではない。気持のぐらついている新社長にわざわざこんな助言をする人がいたのだ。ヤツでは心許ないから助けてやれではない。こんな会社にかまうなということだ。嫌なことを言う人だ。

鈴木が代表をやめて栗原は一人九段下の法務局に行き鈴木代表を抹消した。鈴木は取引業者の一人になってしまった。

この社を大口債権者の鈴木が見放したという噂はたちまち広まり、業者がまた騒ぎだした。どういう方針でいくのかはっきりしろ、とは債権者の総意だろう。何か言わなくてはならない。栗原が示したのは経費節減と新企画であった。社員は谷口、清、入江の三人で行く。また、効率の良い在庫を守り、近いうちに確実に換金できる新企画をだす、と大見栄をきった。「お前では三ヵ月ももたない」などと陰口されて、そうはさせるかと頭に血が上ってきたのだろうが、ほんとにやれるのか。夢中の中に闇雲な強がりが湧いていたのだろう。「俺がやらずに誰がやる」。栗原は自分で描いた成功幻影を味方につけて力んだ。

とにかく、われわれがやろうとしていることを、業者に分かってもらうことだ。業者をせっせと訪問して、こちらがその気でいることをリアルタイムで知らせよう。心配している人に安心してもらうのは、姿を見せるしかない。以来、栗原の姿は製本屋、印刷屋、紙屋、信金の支店などで頻繁にみかけるようになった。

こんなことに気を取られている間に、頼りにしていた大口債権者によって段ボール六〇箱分の在庫が倉庫から密かに運び出されていた。アルバイトの学生が下手人と手口を忠義な顔で報告してきた。お前も手伝わされたんだろうに。債権回収の手段とはいえ、これはルール違反だ。取引先の思いもよらぬ行為に、人への失望が沸き上がってきた。盗賊の顔を思い浮かべて「負けてなるもんか」と唇を噛んだ。

栗原は沈没寸前会社の一人代表なのだ。「代表」という肩書きにあらためて緊張した。いままでは押田の陰ですんでいたことが、そうはいかなくなった。何をするにも代表者印を求められ、震えながら押印した。社長とは苦痛なものだと実感したが、反面「何でもできる」「何をしてもいい」という権力のにおいも感知した。勘違いするなよ、お前は会社の運転手にすぎない。アクセルもブレーキもお前の足で踏まなければならないのだぞ。このことは、印鑑を押すたびに反復した。

やることなすことが注目され、業者のうち用紙店が一番気をもんだ。特に堀留洋紙店の渡辺常務は、気が気でないらしく、朝な夕なに顔を出し、本の売れ行きを心配した。純白の紙を汚して本にするのは出版社の仕事だが、どんな内容で汚すのか、売れる中身で本にしなければならない。紙屋に本の内容は決められない。下町水天宮の屋台で心配そうな渡辺さんの横顔をみながら本気で思った。そうだ、紙屋の儲けは紙より薄いと言われているのだ。

出版界では「頑迷固陋」で通っていた出版界の長老、未來社西谷能雄社長が「騒がしいがどうしたっ？」と電話をくれた。少し前、西谷さんご自身の著書出版が企画され、面識を得ていたからだ。

岩波ビルの地下にあったハンバーグ屋まで出てきてくれた。事態を話すと「潰れかかった会社に手をだすな。家族も人生もめちゃくちゃになってしまうぞ」と半ば逃亡を示唆された。「潰れかかった会社」だけれど、他人が創った会社じゃない。何があったにしても押田とともに歩んだ会社なのだ。西谷さんに「そんな会社」に「手をだすな」と言われ、急に「そんな会社」がかわいそうになった。いつの日にかこの街を大手を振って歩いている自分を夢想し、恥ずかしくない会社を作ろうという気になった。

債権者集会やその後の人事のことなどを話し、もう後に引けないところに来ていることを伝え「債務は引き継ぐ」と債権者に約束したことも自白した。膝に煙草の灰をぼろぼろこぼしながら聞いていた西谷さんは、栗原の目を見て「出来るだけのことはしてみよう」と言ってくれた。

西谷さんの対応は早かった。

翌日から取次会社東販にも日販にも同伴してくれ、担当者に援助を強要してくれた。取次の担当者は神妙に聞いているのだが、西谷さんの帰ったあと仕入れ残高帳を見ながら、顔を曇らせ「事情は重々わかりますが……」とすまなそうに首を横にふった。

大学生協連合会の指定取次である鈴木書店にも同伴してくれた。白水社の中森季雄社長と目黒千文堂のおやじさんも同席して、鈴木真一社長に口座開設を強請してくれた。鈴木社長は取引を承認したような顔をして仕入れ担当と相談せよと席をはずした。西谷さんがいなくなると二人の仕入担当は、「経営が不安定な会社との取引は遠慮したい」と明快に宣告した。何日かねばってみたが担当者は頑強に拒み、口座はついに開くことはできなかった。

何点かの企画に自社刊行が難しくなったものが出て西谷さんに引き取って貰った。この時、未來社の編集長をしていた松本昌次さんを紹介された。

足元、神保町の横町ではヘンな噂がたっていた。神保町は狭い。印刷、製本、出版社と重層的に取引があるのだ。いい話は伝わらず、悪評は瞬く間に伝播する。「栗原は社長を追い出して自分が社長になったらしい。トッポイ奴だ」などと酒の肴代わりに話しているのだ。弁明はできない。人の口には戸はたてられぬ。栗原はワルになっていた。しばらくは白眼で見られた。それでも、こんな悪態に耐えているうち、「若いの、しっかりやれ」に変わってきた。「本の街」と言われる神保町を守っている新刊本や古本屋の主人が、新参の若造を仲間にしてくれるには時間がかかった。

杉山忠平と杉原四郎

前年に始めた『鉄道史資料』の出版が中断していた。本も作れないほどゴタゴタしていたからだ。これを再稼働させることで定期収入を確保しよう。長期に定期配本できるものがどうしても必要だ。そのためにはこの資料集を再起動するのが一番だ。

谷口にその意味を説明し編集を担ってくれるかと相談すると「わかった」と一言。下手にでるしかなかった。いくら計画しても実働してくれる人がいなければ話にならない。栗原が代表になって発動した最初の仕事だった。

次は印刷と用紙、製本業者の説得だ。三進社印刷と山本製本はすぐ賛成してくれたが、紙屋の堀留洋紙店は心配性だ。制作費にいくらかかって、いくら売れたら支払いが立つかまで説明し渡辺常務に納得してもらった。渡辺さんの親父さんは栗原が出た高校の校長だったので、そんな郷土縁から余計に心配してくれたのかも知れなかった。

八一（昭和五六）年七月、『明治期鉄道史資料』八点の一挙刊行を決行し、セットを完結させた。予約がとってあるから配本先は決まっている。定価合計で一〇万円を超えるものが一〇〇セット以上換金でき、業者には計画通り支払うことが出来た。止まっていた、いや止められていた新刊の刊行が出来て、社内も業者も歓声をあげて喜んでくれた。儲けは一番薄いのに紙屋の渡辺常務がいちばん喜んでくれた。

創立以来親身になって見守ってくれていた森静朗さんも『庶民金融思想史体系』の続刊を急いでまとめてくれた。出版祝いだと言って人を集め参会者全員に買ってもらった。

継続刊行物ということでは押田が残していったいくつもの「叢書」があったので、まずそれを見直すことも大事な仕事であった。継続シリーズは清達二が、資料出版は谷口が担当することにしたのもこの時であった。

本屋は本を出すのだ。本を出さない出版社を誰が応援してくれようか。会社存続には新刊の発行を止めてはいけない。大量販売は狙わなくていい。間断なく刊行することで会社を続ける。それが借金を返していく最善の道だ。こんな当たり前のことが決意として固まっていった。

一橋大学の杉山忠平さんを訪ねる。研究室の隅にコーヒーセットが備えられていて、ご自身で淹れてくれる。運ばれるまで先生の背を見ながら話し掛ける。

「今度、『東京経済雑誌』の復刻を始めようと思っています。バカでしょうか」

「バカかどうか杉原さんに聞いてみよう」

こう言って、甲南大学にいた杉原四郎さんのダイヤルを回す。声が小さくて何を話しているのか聞こえない。栗原のバカを鑑定しているわけでもあるまいが、話が長い。コーヒーは冷めてしまった。

「杉原さんはキミの決断を喜んでいる。あの老舗出版「明治文献資料刊行会」が挑んで途中で断念した大雑誌『東京経済雑誌』は是非完全復刻してもらいたいと言ってる。杉原さんは売れることは保証していないが、明治期の一流雑誌であることは保証した」

「これ出して潰れても嗤われないってことですか」

「そうじゃないよ。私たちが推薦しているのに会社が潰れたら、嗤われるのは私たちです。学者馬鹿とか言われてね。一定の購読者はいるだろう」

「世間から嗤われないよう、ふんどし締めなおしてやります」

「キミはふんどしなど締めていたかネ」

杉山さんからユル褌《ふん》を揶揄されながらも『東京経済雑誌』の復刻を決断したときのやりとりである。鉄道史料の刊行に次ぐ二つ目の決断だった。

これ以来、杉山さんには急に親しみが湧いて、あれこれの企画で相談に乗っていただいた。自由貿易を主張する田口卯吉の論敵、保護貿易を主張した犬養毅の『東海経済新報』復刻のときも、長い忠告を聞いて決めたのだった。『ロンドン・エコノミスト』の復刻は相当迷った末の決断だったが、結着をつけたのはやはり杉山さんの研究室でだった。杉山さんが「死ぬ前に「『国富論』を翻訳する」などと余生仕事に目を輝かせていたのもこの時であった。

そうだ。杉山さんに連れられてドイツ経済学史研究の小林昇さんの家にも伺った。家丸ごとが書斎みたいな造りで、影書房の後ろ楯だった「たたき大工」庄幸司郎さん手造りの書庫は見事なものだった。古典文学が目についたが、その中に名も知らぬ人の詩集が挟まれていたりして、経済学史の大家がこういう書物で思想の骨格をつくっていることに目を瞠った。

二階に上がり小林夫人の淹れてくださったお茶をいただく。高名な茶人の茶室に迷い込んだような錯覚を起こすほどの静寂。栗原にはこんな空間で正座をする躾がない。お二人の対談を聞きながらじっと三時間も同席したおぼえがある。苦痛でもない、緊張でもない異様な体験だった。このとき経済学史を専攻した先生に呑ん兵衛のいないことに気がついた。

東京経済大学に移られてからも杉山研究室によく通った。この忙しい中で、そんな時間がよく取れたものだが、栗原の心に邪心はなかったと言い切れるだろうか。そのわけは、学問じゃなく、コーヒーが飲みたいからでもなく、杉山研究室に出入りしていた図書館の司書を紹介してもらったからだ。学者の家に育ったという、柔和な容姿と閑雅な挙措をもった三つほど年上のひとだった。

復刻を決断した『東京経済雑誌』とは、田口卯吉を主幹とする英国『エコノミスト』誌を模範とした経済雑誌である。掲載されている記事は経済情報だけでなく、歴史も政治も時評し、文学論まで論及する総合雑誌である。四五年間分、全二一三八号を復刻するのに何年かかるか。そして制作費はどれだけかかるか。合本にして何冊にまとめられるか。見積りをしてみると一六八巻にもなった。こちらの経済力を考えると六年以上はかかる長丁場の仕事だ。この下調べは社友内田啓吉さんらがしてくれた。制作進行担当はこれまた谷口京延とした。谷口は卯吉の孫にあたる田口親さんとも親しく交わりながら、欠号の補充から印刷の擦れの修正・補修まで六年以上にわたって、毎日のように取り組み滞りなく刊行した。田口親さんは吉川弘文館の人物叢書『田口卯吉』の著者でもある。

パンフレットをつくり、全国行脚の計画を立てた。『産業組合』を行商してまわったときの経験があったので、恐れるものはなかったが、今度はどなたの推薦も紹介状もあるわけではない。あるのは杉原さんと杉山さんの「この仕事は恥ずかしくない」という励ましだけだ。ただ、あのときと決定的に違うのは、てっぺんに向かって登っているのではなく奈落から這い上がろうとしていることだった。全国の大学図書館、県立図書館を訪ね歩く計画を立てたのは当然である。

売れる復刻資料の刊行と単行本を途切れることなく出すこと、これを心棒にして借金を返していこう。いま始めた『東京経済雑誌』の予約を集めることだけに集中しろ。栗原の頭は次々に企画が生まれるように作られてはいなかった。

一〇月末に見本ができ、一一月より出張販売に出た。要員は三人しかいない。栗原は名古屋へ、谷口は神戸から九州へ、清は京都の大学を隈なく回った。そして東京地区はすべての大学を谷口と栗原で担当わけした。年が暮れぬうちに八〇セット近い予約がとれ、いくばくかの希望がもてた。

一九八一年は日本経済評論社が歴史の中で験《けん》される年になった。前途はあるのか、それとも今年で終わりなのか。心細い一年だった。大晦日の栗原の営業ノートがある。走り書きで一年間の反省らしきものが記されている。箇条書きに直すとこうなった。当時の悲痛な認識として記しておく。

1、定期収入をもたらす復刻出版と新しい著者を得るための単行本出版を両輪とする。
2、教育者・指導者のいないところに新人を雇うな。
3、経営陣の意志統一がないところでは社員は心を込めて働かない。
4、信用金庫の支援がなければ存続できない。
5、社歴を積んだ者がいなくなり新人ばかりが残ったのはなぜだ。
6、営業には全員が出たが、この長時間労働体制は続けられるか。
7、継続シリーズは清、復刻は谷口を主担当とした。この形でしばらくいく。
8、出版は虚業か。少なくとも恣意的な業だ。この「恣意」は社員の協力によってしか実現できない。その協力が得られないときは、人に頼らず一人でやれ。

明解でないが、反省と小さな決意だろうか。最後の「一人でやれ」は、他人に無理強いしてはならぬ、嫌がることをさせるな、と自分に言い聞かせているのだろう。

無理難題をお願いした江戸川信金からは、営業事務に山崎恵子が紹介されてきた。中原君生さんの指導を受け資金繰りにも慣れてきた。年の瀬、どんづまりの日、中原腹心の部下福田典子を交えて江戸川のほとりで激励会を開いてくれた。

社長職を放擲した文昇堂の鈴木さんを招んで慰労の忘年会も開いた。鈴木さんから会の冒頭「こうして忘年会が開けるのも、キミが社長をやっていられるのも誰のお陰か考えてみろ」と高飛車に挨拶されて座が白けかけた。「さようです。鈴木社長がいてくれたお陰です」そう合いの手をいれて座を落ち着かせた。鈴木さんの言葉は手形をジャンプしつづけている債権者みなさんの本音かもしれなかった。

社員の給料は不規則な支払いが一〇ヵ月も続いたが、暮れになりやや安定した。給料値上げの要求も出てきた。残業代も払え、土曜日も休みにしろ。谷口は「この給料ではアデランスも買えない」と彼らしい要求の仕方をして団交の座を笑わせた。こんな要求が出てくるのも、会社が落ち着いていきそうな気配を感じていたのだろう。谷口、清、入江の給料は、三人合わせても五二万円だった。

代表となった初年が暮れてゆく。

勇気がでた仲間たち
落ち目のときの親切は骨身に沁みてうれしい。

未來社の西谷社長の気配りはこちらの力不足で実らなかったが、思いがけぬ人と出会えた。それは、戦後文学を証言する松本昌次さん（当時五四歳）と知りあえたことだ。未來社の編集長をしていた。こちらの苦境で出せなくなった本を出版してくれたり、取次店の重役を紹介してもらったこともある。松本さんには金の相談はしなかった。映画や芝居、講演会など平和に連なる出し物に誘ってくれた。その都度「日本人は反省が足りない」ことをユーモアを交えて語り続けた。真面目で陽気な反戦主義者、平和愛好者だった。

こういう博識で気さくなインテリには女性の関心は強いようだ。作家志望、俳優志願の娘さん、梲《うだつ》の上がらぬ編集者、NPOの活動家など、いつも笑顔を絶やさないオッカケたちに囲まれていた。松本さんと一緒だと、自分もインテリや平和愛好者になったような錯覚に陥るのだ。栗原はその幻覚を好んだ。

児童文学作家富盛菊枝や銅版画家の三好まあや、秋田二ツ井の作家簾内敬司、正直至上主義者和田悌二やその批判的同志大道万里子、苦渋なる思索者米田卓史、朝鮮に思いを託す秋山順子、京都の山中で暮らす木工彫物師大益牧雄など、みんな貧しそうなのだが気のおけない人ばかりだった。たたき大工から平和運動家となった庄幸司郎やRKB毎日の上坪隆、アナキストと呼ばれた石田友三も知ることになった。松本さんがいなければ決して知りあえない癖のある人たちだった。松本さんとは思わぬ縁での接近だったが、これほど大きな縁に拡げてくれた人も稀である。

論創社を興した森下紀夫さんは、アジア主義研究者滝沢誠との出会いの中でめぐりあった。岩の原葡萄園の創始者川上善兵衛の遺著『興亜前提史——武田範之伝』（八七三頁）の刊行について彼の意見を求めたのだ。この本は、朝鮮合併推進論者の和尚武田範之の伝記である。こんな奇怪な原稿を作家橋本健午の伝手で入手していて、どうしたものかと迷っていたからである。飯田橋にあった事務所を訪ねると、デザイナー林芳恵さんも居られて快い応対の中で、多くの情報を提供してくれた。

森下さんは一九七二（昭和四七）年二月に『国家論研究』と名付けた雑誌の発行から出版活動を始めている。その意図は知らないがこの雑誌に寄稿している人々は栗原もその名を知る面々であり、親しみを感じていた。大熊信行、小松隆二、滝村隆一、高木郁朗などであり、こんな執筆者をどこで集めてきたのだろうと不思議に思っていた。

以来、往来は頻繁となり、正月も暮れも同座してその年の区切りをつける間柄になった。森下さんも楽しい仲間を沢山紹介してくれた。共同通信社の松本侑壬子、藤原書店の藤原良雄、慶應義塾大学の小松隆二、女性史家大森かほる、ＮＲ出版会の仲間たち。それから新宿「ゴッド」の女優横山リエさん、後に登場する神保町の酒亭「あくね」のお婆など数えればきりもなく、その人々は栗原の後半生を彩った。

また、零細出版社の販売政策集団NR出版会へも誘ってくれた。「この会に入会すれば売上は増える」と熱心に説くのだ。心細い売上に震えている者にとっては飛びつきたくなる話だ。入会後、その活動には真面目にとり組んだ。売上は期待ほどには伸びなかったが、その代わり、貧しいながらも真摯に出版にとり組む編集者を沢山知った。大会社が「出版文化」を口にするが、それを支えているのは小零細出版なのだと実感した。事務局員天摩くららさんには小さな情報を沢山提供してもらって助かった。

神田小川町で店を張る「大学図書」は法律書専門の取次である。ここのお婆もこの時期には欠かせない人であった。日販や東販から集金した小切手を換金してくれたのはこの人だけだった。真っ赤なスカートを穿いて眼光は鋭い。集金した小切手をすぐ現金にしたくてここに駆け込むのだが、「何しに来たっ」と言われながらも、即日現金化できたことでどんなに実務を楽にしてくれたかわからない。お婆さんの息子の社長もその弟シゲさんも、孫にあたるタカシ君も一家あげて、この駆け出し社長を応援してくれた。シャッターを下ろしてから事務机で二人で飲んだサントリーレッドの味は、苦く辛くいつまでも忘れられなかった。

そのほか、神保町のスナック「みその」のお転婆ロコさん、「栄家」の和服の似合うレイコ姐さん、新宿では「石の花」の百合さん、飯田橋「慈庵」のマァコ姐さん、文房具屋のキミちゃんらと知り合い親しくなった。チラシやPR誌『評論』を印刷してくれたM企画印刷の前澤奈津子さんにいたっては、昼飯から飲みすぎの朝の頭痛薬まで面倒をかけた。どなたも神保町の飲食生活を支えてくれた人たちである。みんなこの泥沼の時代を藻掻き続けていた苦海に生きる同志でもあった。

著者の多くが会社の行く末に不安をもち、寄りつかなくなったが、それでもずっと離れずにいてくれたのは森静朗さん、安田元三さんを初め、毎日新聞の解説委員であった本間義人、大学院時代からくっついて離れない協同組合研究の中川雄一郎、農業総研から千葉大学に移った磯辺俊彦、東京農業大学の斎藤仁、沖縄国際大の来間泰男、それに農協教育の坂野百合勝、思索家折原脩三、鉄道博士原田勝正さんたちであった。その誰方もが先代から繋がり、谷口や清、入江、宮野らが必死な思いで深めた人的遺産群であった。

どんな出版社にする気だ

一九八一(昭和五六)年は夢中で越えた年だった。年明け早々の債権者集会、二度にわたる社長交代、手形のジャンプと業者回り、とにかく忙しく草臥れた年が終わり、八二年が明けた。

いつまでも先代の計画した大型造成地を手押しローラーで均しているような気分でいては達成感は生まれない。栗原は、歩き始めたこの道は迷い込んだ道ではない、自らが選んだのだと言い聞かせた。

手形の決済に追われて遠方が見えない。「当面の課題」ではなく「本日の課題」が目の前にあり過ぎるのだ。それでも、前輪に復刻資料、後輪に新刊書籍の刊行を配置し、会社の安定と存続を目指した。本屋は本をつくらなければ本屋じゃない。そのためには運転資金を枯渇させないことだ。これだけが頭いっぱいを占めていた。

出版社には、読者という曲者がいる。

「××叢書」の続きはどうした、「○○シリーズ」の続刊はどうした、といくつもの質問電話を受けるようになった。続き物を途中でやめるのはよくない。「近代経済学古典選集」も「ポスト・ケインジアン叢書」も、「常民叢書」も「協同組合叢書」も、結局公表してあるものは継続刊行を宣言した。何のことはない、先代が敷設した出版路線を寸分の修正もなく継承しようとしているのだった。当面はこうするしか能がなかった。

折原脩三『老いるについて』の読者はしつこかった。「次」を急かす質問者には「必ず出す」ことを約束したが、採算ギリギリの本を催促してくる「愛読者」は出版社泣かせだ。

折原脩三。本名は伊東庫之助。東京銀行の行員にして思想の科学会員。文雅堂時代からの知り合いで押田も栗原も敬愛していた思索家である。

「俺が戦場で見てきたものは、俺を間引こうとした国家の意思だ」とデビュー作『愛不在』

（矢島書店）の主人公に言わせた作家でもある。八〇年刊行の『老いるについて』が第一冊目。「老い」を動態としてとらえる斬新な発想だった。以下多田進の装丁によって、『老いるの構造』『老いるの情念』『老いるの自我』『老いるの幻想』『一期は夢よただ狂へ』『大虚空にそよ風が流れる』と、往相篇、還相篇計七冊を仕上げて逝った。八年もかかった。これは谷口と清が分担して担った。悔しくも申し訳ないことだが、折原さんの思索に対等につきあえるのは、谷口を措いてほかにはいなかった。

約束したものは出す、と見栄も張ったが、この見栄は「出版社の良心」と言い換えられ、折原ファンに褒められた。売れないことをこの小さな快感と引き替えた。しかし、この快感は経営にとっては魔物だということにも気がついた。褒められることと儲かること、経営が安定することとは正比例しないのだ。生前の折原さんはこのことを承知していた哀しい著者でもあった。

『講座日本の社会と農業』（全八巻）は、執筆依頼をしたのが三年前。来間泰男の『沖縄の農業』が成功したので気をよくして「地域別農業」を企画したのだったが、こちらは単独執筆ではない。五〇人を超す執筆陣だ。経営危機があったためシリーズ監修の磯辺俊彦さんらに気をもませたものだった。一年がかりで完結したシリーズの最終巻で磯辺さんは次のように書く。

「……だが何と言っても、この講座にとって最大の転変は当の出版社である日本経済評論社の一九八一年一月以降ほぼ一年に及ぶ経営危機であった。われわれとしては、すでに仕事がスタートしてしまっている最中でもあり、……一番気をもんだ一年間であった。もしもの場合を考えて内々に一、二の出版社に声をかけることもした。けれども社は、……這い上がってきた。そしてわれわれに賭けてくれた……」と。

「賭けてくれた」のは磯辺さんでわれわれが賭けたわけではない。始めたものは仕上げるという義務感だけが完結させたようなものだった。執筆者の一人から「あそこで大丈夫か」と質されている磯辺さんに出くわしたことがあった。何と応えたか聞こえなかったが、たぶん磯辺さんの決意を伝えていたのではなかったか。それなのにこう書いてくれたのだ。この心根に目頭を押さえずにはいられなかった。

最終巻のできた晩、編集委員諸氏と新宿大曲の料亭「三富」でご苦労会を開いた。そこに参加していた横浜国大の田代洋一さんが後に手紙をくれた。

……『日本の社会と農業』の打ち上げ式は、恐らく私も同席したと思いますが、そうだとすれば鈍な私は、あのシリーズにかけた皆様の感慨にも心及ばずただ漫然とビールを飲んでいた次第で、いまさらながら申し訳なく思っております。えてして歴史的事件への同席はこういうことなのでしょう。……

（一九八六・六・三〇）

田代さんは大げさに歴史的な呑み会というが、担当した清達二にとっては火事場状態の中で編集したこのシリーズの完結はまさに「歴史的な日」だったに違いない。

何か新規なものも考えておかなければ出版物が枯渇してしまう。焦りも出てきた。田中惣五郎の「全集」を作りたいと思った。戦前に『日本叛逆家列伝』で名をあげた左翼に好まれた近代史家である。一九六〇年に未來社から出版された『北一輝』が毎日出版文化賞をもらい、学生だった栗原はなけなしの金を叩いて買ったものだった。

田中惣五郎は『北一輝』を出してまもなく没してしまった。その後いくつも田中の著作は読んだ。『大久保利通』も『西郷南洲』も『木戸孝允』も読んだ。多少乱暴な筆運びとも思えたが、服部之總《しそう》に重ねていたところがあったかも知れない。田中の論法は明快断定的で判りよかった。好きだった。その思いが本屋になっても消えずこの頃まで取りついていた。

明治大学の木村礎さんに「全集」をやりたいと相談に行くと、ちょっと渋い顔をして、「他の人に相談してくれ」と言った。気が乗らないみたいだった。それで歴史学研究会の荒井信一さんを訪ねた。荒井さんも何か言ってくれたのだが結局「松尾章一さんに相談しろ」と言う。惣五郎の評価にはいろいろあることを、薄々感じた。

山手線大塚駅近くに事務所のある歴史教育者協議会に松尾章一さんを訪ねた。八三年七月一六日のことだ。松尾さんは会議中に抜け出てくれて「田中惣五郎全集」の監修者になることを承諾してくれた。ここまではよかった。

書誌目録をつくったり、原本を揃えるため田中の著作を多く出版している千倉書房を訪ねると「どうして今ごろ、田中惣五郎なんですか」などと聞かれ緊張したものだ。明治大学図書館の飯澤文夫さんに詳細な「著作目録」をつくってもらった後、著作権継承者の許可をもらう段になった。ここから始めるのが当然だろうが、やることがアベコベだった。

東洋大学におられた惣五郎の息子田中陽児さんに面会する。陽児さんはその場では「好きにしていい」と言って承諾したかに思えたが翌朝速達郵便が送られてきた。

「父の著作を好きにしていいと言いましたが、撤回します。父の著作には一切手をつけないでください」

と書かれていた。な、なんだこの手紙は。事情の細部は不明だったが、惣五郎の著作にどこか不満があるように感じた。手を入れるのが面倒なのだろうか。陽児さんの頑なな「不許可」に刊行を断念した。片思いの頬を叩かれた思いだった。

「田中惣五郎全集」はこんなふうにして実現しなかった。思いつめていた企画がダメになって松尾章一さんとはこれで縁が切れるかと思ったが、松尾さんは次の企画を提案してきた。初期社会主義研究会に所属する松尾貞子さんと『大阪事件関係史料集』を作りたいというのだ。谷口と相談し乗ることにした。この資料集を仕上げたことで松尾さんのみならず松尾一家とは親密の度を増し、東京郊外日野の松尾邸には頻繁に出入りすることになった。丘の上にある本と史料で埋め尽くされた歴史家の匂いのする豪邸だった。

松尾家には服部之總の長男服部旦《たん》さんも出入りしていて之總の話は当然出た。そんなことも加味されて「服部之總伝」はいつの日にか刊行することは暗黙の了解事項となっていった。落ち着いた笑顔をたたえる貞子さん手作りの酒の肴も美味だったが、早稲田大学で歴史を学んでいた娘の純子さんや、利発なギャグを飛ばす受験生抗《こう》君との会話も刺激的で楽しかった。

出版界では多くの人が知る布川角左衛門という人がいた。

岩波書店の社員を卒業し栗田出版販売の社長や倒産後の筑摩書房の社長などを務めた「全身出版界」のような人だ。出版業界を富士山のてっぺんから見下ろしていたような人である。巨視的に業界をみる、こういう人の記録は残されてもいい。布川さんに自伝を書き残して欲しかった。明日香出版社の石野誠一社長の紹介でめぐりあった橋本健午さんの仲立ちを得てわが社の一五年を振り返った『彷徨十五年』に添えてその意を申し出ると、数日のうちに、次のような返事が届けられた。

……さて、貴社『十五年史』を精読し認識を新たにいたしました。同時に苦闘の貴重な記録として興味以上のものを感じました。……それから私の自伝的なもののこと、思いがけないお心遣いに恐縮いたしました。実はこういう話は四つの出版社からあって、三年ほど前、原稿が出来たら日本エディタースクール出版部で出すという約束になっています。せっかくのご期待に添えずまことに相すみませんが、諒恕下さいますようお願い申し上げます。

（一九八六・五・一二）

温和な達筆で和紙に認められた墨蹟であった。後年、出版社の友人から「布川角左衛門日記」が手に入ったが出版するかとすすめられたが、その膨大さに手を引っ込めた。しかし、いまだに「自伝」や「日記」が公刊されたことは寡聞にして知らない。

出版企画は呑み屋で湧くもんだ、などと冗談とも本気ともいえない啖呵をとばしていた栗原だったが、自らの企画はその口ほどには実現されなかった。

新企画への焦りはあったが「協同組合叢書」と「常民叢書」は力を抜かず刊行した。「常民叢書」はかつて依頼してあったものもあり、その原稿も上がってきた。堀添絹子、播磨弘宣、中山トミ子、湯浅照弘、中川音五郎、高橋三枝子など、いわば「土着の民」に筆をとってもらった。本が出来る度にその地に出かけ、むやみと歓迎されながら、地元のものを食い、地元の名士と語りあい、それはそれで見聞を広めた。

特に『大地に刻んだ青春』の著者となった旭川在住の高橋三枝子さんとは長い長い文通が始まった。高橋さんは、北海道にいて移り行く本土の変容を風刺を込めて指摘してくれ、ときどき緊張させられる論述もあった。高橋さんは九六歳を超えても旭川から手作りの無農薬野菜を毎年届けてくれた。最晩年に歌集を編んだ。「最後だよ」と言って送ってくれた。『沖縄いまも戦場《いくさば》』。その中の一首。

若き日に共に学びし沖縄の友の慟哭いまも耳朶打つ

高橋さんは栗原にとって誰よりも長いやりとりをしたペンパルであった。

キミは天に見離されている――倉庫の火災

何かを仕掛けようとはしているのだが、どれ一つとしてうまくいかない。そんな鬱屈の中だった。天は非情である。

江戸川信用金庫から内緒で借りていた書籍倉庫が放火され炎上した。天はわれらをまだ弄ぶか。まだ会社は快癒に程遠い八三（昭和五八）年一〇月六日のことである。

隣接するうなぎ屋「まねき」の女将さんからの通報で知った。駆けつけてみると、施錠されていたため消防隊が窓のガラスを壊し屋根に穴をあけ放水、消火にあたったらしい。整然と積み上げられていた在庫が崩れ落ち水浸しになって消防士の長靴に踏みつけられている。

黒山の人だかりの前で出火を謝罪していると小松川警察の刑事が近づいてきて、

「鍵は誰が持っているのだ」と訊く。

「私です」

「朝方はどこにいたかね」と続け、

「明朝署に出頭してもらいたい」と迫る。

翌朝、栗原は指定された時刻に小松川警察の取調室にいた。

「商売はうまくいってますか」昨日の現場より少し丁寧だ。

「ボチボチです」

「大変ですね。火災保険にはいかほど入っていましたか」

そうか、警察は保険金のことで疑っているのだ。だから取調室なんだ、と気がついた。そういう視点で警察の質問をいくつも受け、疑いは晴れたとも何とも言わず帰された。消防署でも「始末書」を書かされ、消火器が備えられていないだの、非常の時の通路がないだのと普段気のつかない細々したことを注意された。近所に類焼していればどんなことになったのか。他所の家を燃やさなかったことが救いだった。

著者に在庫が燃えてしまったことを告げた。見舞いの言葉とともに「印税も頂かないうちに燃やしたのですね」と小言を言う人もいた。

家主の江戸川信用金庫にも詫びに行った。理事長から、

「キミを見損なった。世間を甘くみている」

などと激怒された。火事の当日江戸信は総代会を開いていたのだ。そこに「理事長、お宅の持物が火事ですよ」の報せが入ったものだから、事態は一遍に知れ渡ってしまい理事長も立つ瀬がなかったのだ。信用金庫は不動産屋ではない。いくら担保流れの抵当物件とはいえ、他人に貸してはいけないのだ。こんなことが監督官庁にバレたら大変なことになる。怒るのも当然だろう。下唇を噛み俯く栗原に、総務の中原君生さんが近づいてきた。

「あんなこと言われて悔しかろう。いっそあの倉庫を買い取っちまいな。そうすりゃ、燃やそうと何しようとこんな文句は言われないぜ」

泣きっ面にセールスだ。中原さんは栗原を新宿の高名な占い師のところに連行する。福田典子さんがついてきた。近々開店する支店の開店日は何日がいいかを聞くついでなのだが、「こいつに金を貸しても大丈夫か」が心配なのだ。占い師は栗原の人生のバイオリズムを描いて見せ「金は返ってくる」ことを保証した。ついでに、四〇を越したばかりの栗原に向かって、七五歳になったら幸せになれると気休めも言った。不気味な評定《しなさだめ》だし、奇妙なことをや

る信用金庫だと思った。

占い師を信じたわけでもあるまいが、江戸信は住宅ローン並み、二〇年長期の返済条件で金を貸してくれ、倉庫を買うことになった。弱味があるから相手の言うままだが、高利でも信金は庶民の味方だ。これで二度目だ。前回は不渡り騒ぎのとき、今度は火事、江戸信にはますます頭が上がらなくなった。

同業の不幸は愉しいのか。見舞い面をした出版社の連中がニコニコ顔でやって来た。

「大変だったね。大丈夫かい」ここまではいい。

「不良在庫が整理出来たろう」

「保険金がたっぷり入ったろう」

「火事太りだな」

馬鹿を言ってはいけない。無神経な奴らだ。平然と見えたかも知れないが、明日からどうやって食っていけばいいのか呆然としていたのだ。入江友子を火事現場にやって不良本を数えてもらった。約一五万冊の在庫が焦げと水濡れだ。ただ、この事件は、外部から起こされた事故だったので著者が離れていくようなことはなかった。

この事態に対して、栗原がどのように対処するのか、江戸信も保険会社も栗原の素行をじっと見ていた。われらの処置のどこを見たのか、同業の同栄信金や他の銀行も再建を期して援助してくれた。共栄火災も快い査定で保険金を払ってくれた。

明大の木村礎さんが「へこたれるな」と書いた紙片とともに一升瓶を届けてくれた。紙片も酒も身に沁みた。

濡れた本の整理や重版本の手配、焼けた倉庫内の片付け、保険屋との交渉などで二ヵ月も要した。一段落した年の瀬、論創社の森下紀夫さんとともに浅草をめぐり一年を締めくくった。ねだりもしなかったのに、ハシゴした三軒分を森下さんが払ってくれた。

倉庫を守る

倉庫火災の後、江戸信の融資を得て三階建て倉庫を新築した。本が収納できるように木製の棚を各階に組み立てた。大工は「家一軒分くらいの材木を使った」という。いくら本を作っても無限に格納できるような気がした。ところが二年も経つとたちまち乱雑な物置になった。売れずに取次から返品された本がビニール紐でギリギリと巻かれ何日も放置されるようになったのだ。上製本にビニール紐が食い込み、天地の二冊は売り物にならない。本が悲鳴をあげている。

本の看護師が必要だ。近所に住むアルバイトを募集した。何人かと面接し菊地チヤ子さんに決めた。秋田生まれの敏捷そうな若ママ。菊地さんはその日から書名を記憶し本の配置を決めていった。その後、出荷もここからするようになるのだが、納品書に打ち込むために定価の悉くを暗記するまでになった。つまり、本の在処、在庫数、カバーの過不足、定価など全てが頭の中にインプットされていった。これには全社員が驚嘆した。

終業する夕方、大きな声で点呼する。「鍵よし、火よし、電気よし」。まるで駅員のようだ。ある時この現場に出くわし、なんと素敵な倉庫番に出会ったろうと感動さえ覚えた。こんな性格だったから菊地さんの目配りは細かく、本に付くゴキブリや窓から射しこむ直射光にも対応した。トイレなど何時行っても塵一つない空間となった。栗原が四〇日も入院した時など大好きな甘納豆を、わざわざ有名店で買ってきてくれる優しさも持ち合わせていた。

菊地さんには子供がいた。ネフローゼという浮腫《むくみ》をともなう持病があった。毎日飲む薬をいやがる子に対し宥めなだめて飲ませているのだが、ある日、少年はその薬袋を投げつけ「こんなに薬ばかり飲んでいたら、僕が薬になっちゃう。今日から薬は飲まない」と宣言した。母は「よしっ、薬に勝て」とその宣言を支持した。不思議、彼は病を克服した。こんな話を返品本の陰で、しんみりと話してくれるのが上手だった。生まれた田舎の話、友達のこと、宝くじが当たったときの散財のこと、カラオケでの美声の民謡、映画『草の乱』の感想、夏川りみの唄のこと、生活に纏わる沢山の宝を持ち合わせていた人だった。

彼女の要請で編集部や営業部から「返品整理」の応援に行くことはあった。出戻った宮野は編集仕事の合間によく倉庫に行った。片付けが好きなのではなく、菊地さんとの作業が快よかったのかもしれない。重労働をまかせている菊地さんを、宮野は本当に労った。

過剰在庫の廃棄という場面がある。これも菊地さんの指揮下でやる。編集者には辛い仕事だ。「こんな本を作ったのは誰だっ」なんて誰も言わない。もちろん担当編集者も現場にいる。「どうしてこんなに早く処分するのだ」と言いたいだろう。だが黙ってトラックに積み込む。財になるべきものが芥になっていく瞬間の風景である。著者先生の誰一人にも見せられない場面だが、こんな日もあることを記憶しておいてほしい。『評論』にときどき在庫廃棄の悲話を書いた。著者から連絡がくる。「処分したのは私の本でしたか」。そんな時「あなたの本でした」と答えたことは一度もない。

株券の行方

倉庫の火事で終わらせてくれれば天も優しい。

これからのことが頭から離れない日々がまた来た。あの日別れた先代社長のその後のことが全く気にならなかったかといえばウソだが、こちらは金に追われていた。他人に聞いたりはしなかったが、おせっかいスズメが時々伝えてくれた。風聞でしかなかったが、新会社を立ち上げ順風という。

そんなある日、神保町に移転してくる前に、小石川茗荷谷で間借りしていた島村出版社の社長島村宏さんが突然訪ねてきた。どうしたのですか。いつもは笑顔を絶やさない島村さんが俯き加減で話し始める。

押田が新しい出版社を創ろうというので代表になった。押田も出資してくれた。その出資金は日本経済評論社の株券だった。新会社は押田の企画で食文化や教育史関係資料などを出版し、新聞広告もして押し出した。私は口も出さずに見ていたが、隆盛は長続きせずいま潰れかかっている。自宅も担保に入れてあったので持っていかれそうだ、女房子供にも突き放され一家離散を覚悟している、と言うのだ。

島村さんは押田から預かった当社の株券を換金しに来たのだった。押田からは何も聞いていない。当社の株券を独断で出資金替わりにした是非を議論している暇はなかった。島村さんは憔悴しきって目の前にいた。島村さんの顔を見ながら換金に応じようとしたが、栗原に金はない。とっさの判断で経理の入江に会社の小切手を切るよう指示した。島村さんはそれを懐に帰って行った。

これで済んだと思ったが、会社の金で自社株などを買ってはいけないことを知らなかった。税務署の㋚にバレた。「経理と一緒に署に来て説明しろ」というのだ。入江を同伴して神田税務署に出頭した。署長の面前の机に座らされ「申述書」なるものをここで書けという。いまだにこの「申述」という意味が分からないが、「どうしてそういうことをしたのだ。訳を言え」ということだと思って書きはじめた。

「申述書 神田税務署長殿」と書きだしたが、次が続かない。

押田は社長退任後も当社の最大株主であったこと、島村さんとの店子関係、新出版社設立に際し当社株券を出資金代わりとして出され疑いもせず受け取ったことなど、島村さんから聞いた株券にまつわる経緯を記し、その当事者が縁浅からぬ人物なので即座に会社の金で換金に応じたことをありのままに「白状」した。

最後に「本当に悪うございました」と低頭し、「その流用事実を糊塗しようと経理上姑息な手段を用いましたこと重ねてお詫び申し上げます。今後経営の糧として参りますので変わらぬご指導をお願いする次第です」と誓約し、昭和五九年一二月一〇日と署名して署長に差し出した。

書かれた文章は、たどたどしく生気もない。こんな文章は二度と書きたくない。入江が傍についていたとはいえ、署長の面前での作文は骨が折れた。種を蒔いたご当人からは電話一本こなかったが、当社の株券が「実社会」で生かされた希な例だった。数日して、島村さんの奥方がどこかへ越して暮らす、と別れの挨拶に見えたが言葉のかけようもなかった。島村一家がその後どうなったかは知らない。穏やかな生活を送っていてほしいと願うばかりだ。

独断『石油年鑑』の失敗

やっぱり焦っていたのだ。何か一発当てて会社を楽にしようと思っていたんだ。

シリーズ「産業の昭和社会史」のうち『石油』の著者岡部彰さんは根っからの石油男《オイルマン》である。その岡部さんが主宰していた石油動向研究会が出す年報『石油年鑑』を持て余していた。発売は大手書店に委託していたのだが、あまり売れていない。このまま廃刊にするのも惜しく、栗原に相談をもちかけてきた。年一回とはいえ定期刊行物に違いはない。知らない業界だが一儲けできそうな予感がした。発行元変更を承諾し日本経済評論社から発行・発売することにした。石油団体や大手石油会社、経済記者、銀行調査部などから編集委員を出してもらい打合せをした。これがみんな熱心で定期的に編集委員会をもつことになった。何がみなさんを惹きつけたのかわからなかったが、わが社からは世界情勢に通じる宮野を担当とした。

宮野は五年ほど近所の編集プロダクションにいて有名写真家の写真集など作っていたが、何があったのか再入社を希望していた。栗原は戻ってもらうなら部長待遇で迎えようとしたが、古参の白眼視にあってその構想は撤回した。そんな空気を知っていても八六年四月以来、宮野は機嫌を直して再び日本経済評論社社員になっていた。

執筆項目も決まっているし、難は少ないだろうと踏んでいたが、原稿がなかなか揃わなくて刊行期日に間に合わせるのが大変になった。何とかして発売してみると予想以下。編集委員は熱心なのだが、それと売れるは連動しない。まとめ買いしてくれる石油会社もないし、石油会社に何のコネもなく頼れる人もいない。文句を言えるのは岡部さんだけ。その岡部さんにも金がない。スポンサーになってくれる石油会社はもちろん見当たらない。

このまま継続刊行すれば赤字が嵩むのはわかりきっていた。

神田にオイル・リポート社を主宰する酒井文麿さんと出会ったのはそんな悩みを抱えていた時である。岡部さんの引き合わせだったろう。酒井さんは石油やガスなどエネルギー業界を長く取材し、石油会社の人事に至るまで精通していた。詩や絵画にも蘊蓄があり、どちらかといえば文学系の人である。栗原はそんな酒井さんと気があって、須田町の「聚楽」や御茶の水のバーでよく飲んだ。

ある日、『石油年鑑』が重荷になっていることを打ち明けた。「この業界に通じていない出版社が年鑑などやるのは無謀だ」と普段からわが社のこの仕事を心配していた口ぶりであった。「どうにかしてくれるか」という顔をすると相談にのってくれた。酒井さんが『石油年鑑』の発行を引き受けてくれることになった。七年も赤字を誤魔化し、発行をつづけたのであったが、廃刊にする前に酒井さんに手渡せたので助かった。

慣れないことはするものではない。まして一発当ててなどと浅ましいことを考えてやるものではない。石油は誰にとっても必需品だが、出版とは別の話だ。『年鑑』は必需品になることはなかった。

『年鑑』編集委員の中心になってくれた東京銀行の阿部由紀さんは、銀行でも注目されていた才媛だった。出張先の東南アジアからファックスで原稿を送ってくれたりする熱心で超多忙な銀行員だった。そんな阿部さんの献身をまっとうに実らせることができなかったことを心底謝りたい。阿部さんはその後難病に侵され退職したが、宮野と共に幾度か見舞いに行った。病床からも世界の動きと政治動向に目を離さない習性には、生きることと仕事することへの執念に似たものを感じ、われらの胸を打つものがあった。

この『石油年鑑』に纏わる栗原の失敗と処置について、専心担当した宮野芳一は指弾もしなかったが褒めもしなかった。

やっと出てきた新企画

そんな事件を繰り返してはいたが、それでも、いくつかの新シリーズは進発させていた。

『産業の昭和社会史』(全一二巻)シリーズは日本ルネッサンス研究所の石見尚《いわみたかし》さん、三井銀行常務の後藤新一さん、和光大学の原田勝正さんなどにお知恵を借り、『食の昭和史』(全一二巻)は『食の科学』編集長だった山路健さんの指導を得て発進させた。これは持ち込まれるものだけでなく能動的な編集部をつくろうとする意思表示だったのだが、社内討議の不足と企画の未消化のため編集部が元気になるには程遠く、焦点のぼやけたシリーズになってしまった。この両シリーズの大きな成果は、日本証券経済研究所の小林和子さんやメルシャン勝沼ワイナリーの技術者でかつソムリエの浅井宇介さんらの面識を得たことだった。小林さんにはご自身の大著『日本証券史論』の刊行のみならず、須藤時仁、斎藤美彦さんなど何人もの新しい研究者を紹介していただき、少ない企画を充実させてくれた。浅井さんは後に『日本のワイン――本邦葡萄酒産業史』を纏めていただいたばかりでなく、「ウスケボー」なる洋酒専門の高級酒場を教えていただいた。上品な酔いの世界は忘れられない。

シリーズの興行成績はいまいちだったが思いがけない出会いをいくつも生んだ。ジーゼルエンジン研究で名を成した大阪市大の山岡茂樹、山村工作隊出身の玉城素さんなどの奇人たちもこのシリーズ企画で面識を得たものだった。

特記しておくこともある。

八五年四月から始まった、内山節さん率いる青年集団の「仕事」シリーズ（全一六巻）だ。内山さんがどちらかで探してきた普通の労働者約六〇人が四五〇人の「働く人」にインタビューするシリーズ。主体は「仕事編集委員会」。設楽清嗣、内山節、堀江幹晴の三人代表で趣意書をつくり呼び掛けた。

この分野ではスタッズ・ターケルの『仕事（ワーキング）』（晶文社刊）が先行する業績としてあったが、その日本版だ。「仕事とは何か」を根源的に問いかけている。『楽しませる仕事』『金を動かす仕事』『団体の仕事』など一六巻に及び多様な人々にインタビューした。毎週一回の編集会議に組合の闘士や賑やかなことが好きな女子学生など多彩な青年が集まってきた。毎日新聞社の竹内静子さんも常連で、騒がしい集団を引き締めてくれた。栗原も何人かにインタビューして手伝った。この忙しく面倒な仕事は清達二が一人で担当し完結させた。内山さんは、全巻が出し終わった日に「刊行を祝う会」などを開いてくれたのだから、その遣り甲斐も感じていたはずだ。記念に寄書きをもらい、いまも大事にとってある。

経済学分野では、わが社の看板出版物になりつつあった『ポスト・ケインジアン叢書』と『近代経済学古典選集』は清達二によって堅く守られ順調に発刊されていた。清はどちらも「得手でない」ことをボヤきながらも結構な努力を積み重ねて奮闘していた。また清はＮＩＲＡ（総合研究開発機構）の資料を一般向けに仕立て直したり、毎日新聞の本間義人さんを交えての企画「都市叢書」を立ち上げる快挙も遂げた。「都市叢書」は自身で「叢書刊行の辞」を起草し自身の存在もアピールした。

宮野芳一は、農協中央会の古桑実さんと合議して『産業組合運動資料』（全五巻）や農業土

鉄道史の原田勝正先生（右端は谷口京延）

木学会を口説いて『農業土木古典選集』（全二二巻）を企画し自ら販売にも出かけていた。この選集で面識を得た旗手勲さんは美酒を時々贈ってくれ、気が向けば明るいお嬢さんを同伴して神保町を賑わした。

『東京経済雑誌』の復刻刊行を一任された谷口京延だったが、他方で鉄道資料の分野においてもさらに深く分け入った。明治期から大正期、昭和期に至る鉄道社史と統計類を網羅すべく原田勝正さんと緊密に相談していた。老川慶喜さんも側にいて谷口を励まし続けた。この事業は「鉄道史学会」の結成・創立へと結晶し、新企画として「鉄道史叢書」の刊行に結びつけていった。叢書の一つ『日本の鉄道』は鉄道史の概説書で多くの大学の教科書にも採用され、年々版を重ねるベストセラーに成長した。若い鉄道史研究者の中にはこのシリーズに加えられることを念願する人も出てきた。

鉄道史学会は毎年総会を開く。谷口はこの総会には必ず参加し、書籍の販売のほか懇親会や視察旅行にまで参加した。史学会との濃密な関係は谷口抜きには語れない。それは、やがて大作『鉄道史人物事典』として上梓される。

また、日本大学の岡田和喜さんとの議論は『銀行通信録』(二一〇巻)の完全復刻と『全国公債社債明細表』(全二九巻)の刊行となって姿をあらわした。資料制作には新井由紀子があたり、昼も夜も原版の整理修正にとり組んだ。

単行本では、ラデジンスキーの『農業改革』(斎藤仁・磯辺俊彦・高橋満訳)、『マクミラン委員会報告書』(加藤三郎・西村閑也訳)など先代から取り組んでいた名著も出来てきた。この二作は入江友子の仕事であった。入江は経理の仕事を傍らにおいてほかの単行本も仕上げながら、この大仕事を成し遂げたのである。

これら資料やシリーズの刊行は必然的に営業の強化を求められる。八四年に入社してきた上野教信は成城大学で経済学を学んだ逸材である。決断に迷いがなく育ちのよさを物語っていた。入社以来、営業を担当した上野の活躍は、かつて栗原がしてきた営業のスタイルを天地ほどに変えた。入社一ヵ月にして栗原に同伴して行った丸善名古屋支店では、やがて重役になる鈴木淳部長に気に入られ「明日から栗原クンは来なくていい。名古屋丸善の担当は今夜から上野だ」とまで言わせるほどだった。人脈づくりが人並み以上に秀でているのだ。栗原は気分を害したが上野は上機嫌で出版業界にデビューした。以後の営業部門は新人教育を含め、上野が一切を差配し、栗原の出番はなくなった。

松尾章一と『服部之總伝』

「田中惣五郎全集」企画は形にならなかったが、それに少し乗り気だった松尾章一さんはいろいろな提案をしてきて、繁く接触することになった。松尾貞子さんとの共編『大阪事件関係資料集』（全二巻）から始まり『自由燈の研究』『関東大震災政府陸海軍関係資料集』（全三巻）など大勢の共同研究者を組織しての成果を上梓している。幾度もの面会の中で煮詰まってきたのが『服部之總伝』だった。このことを世間に公表したのは一九八八年に刊行した小西四郎・遠山茂樹編（実質的には松尾章一編）『服部之總・人と学問』の「編集後記」のなかでだった。

「……本書の刊行によって、私は永年気がかりとなっていた責任の一端を果たしえた思いである。しかし、私には大きな宿題が残されている。それは私自身の『服部之總伝』を完成することである。すでに栗原社長と固い約束を交わしているこの仕事を、ここ一、二年のうちに必ず果したいと思っている。……」

文中「すでに」というのは一九八三年のことだ。栗原も、服部の歴史学上の位置づけが敗戦直後と変ってきていることは承知していたが、服部の「歴史」の書き方が好きだった。人物を描くにしても、描写が生き生きとしている。後年の司馬遼太郎とは時代も世界観も違うが、人の苦悩と喜びが伝わってくるのだ。マルキストだ、講座派だ、女に甘い、と決めつける以前の問題である。松尾さんは服部の私設秘書をしていたからか、服部の人と学問を誰よりも理解していると過信しているようにも感じた。歴史学会では「今さらハットリ？」とか「ハッタリ史学」などと冷やかす向きもあるが、服部の俗人臭さも松尾さんの独善性も栗原の性にあった。栗原と松尾さんは酒を呑み合う中で「服部伝」の構想を日ごとに固めていった。松尾さんが栗原に宛てた書簡の文面から見てみよう。

……『大阪事件史料集』を出版していただいたことでおつきあいをはじめたばかりですが、永年の知己のような思いがしております。押田君夫妻との縁は、人間の宿縁を感じます（※このことは何を意味しているのか一度も聞いていない）。七月十五日から夏休みに入りますので、ぜひとも拙宅にご来駕いただき酒杯を傾け未来を語り明かしたいと楽しみにいたしております。

（一九八六・六・三〇）

二ヵ月も経たないうちに松尾さんの住んでいた東京日野の邸宅に押し掛け「服部と私」と題した談話を収録している。これは後に『評論』に掲載されるものだが、その返信便。

……あの日のお酒をのみながらの服部先生についての放談、さすがは手なれたものです。あの時、私が言いたかったことをずばっと書いてくださっています。この（自分の）文章を読んでぜひ服部伝を書きたいと思っています。二〜三ヵ月夢中になれば脱稿できるような気がしています。これまでの肩ひじ張った論文調でない書き下ろしのためにも。この夏はほとんど家にとじこもって原稿を書いています。（一九八六・八・一二）

松尾さんはこうやって栗原をいい気分にさせ続けたのだ。「服部伝」の脱稿はすぐ目の前にあったはずだが、『関東大震災資料集』の大仕事が割込んできたり、松尾さんの何でも引き受けるお人よしの性癖もあり、そのうえ体調も万全ではなくなり、予定を遥かに超え、三〇年後に上梓されるのだった。

『記事総索引』とライブラリアンの力闘

一九八七（昭和六二）年秋、『東京経済雑誌』の全巻復刻が終わった。一六八八巻、足掛け七年の仕事であった。暮れに近所のこんにゃく料理屋・栄家で谷口と二人だけで慰労会をやった。「こんな山のような雑誌を復刻したが、使い道はあるだろうか」と谷口が言う。それもそうだ。あまりに膨大過ぎて収録内容もわからない。「索引」のようなものが要るなあ。そう気がついて二人の顔が緊張した。何かしなければただの復刻屋だと言われそうな気がした。

八八年正月、日大の岡田和喜さんが研究室に来いと言う。先生は雑誌本体の復刻が終わったことを承知していて、何か魂胆をお持ちだった。「索引と研究書を作ろう」と岡田さんから言い出した。

岡田さんの肚は、この雑誌の研究会をつくり、いろいろな角度から論じる研究書をまとめることを考えていた。また、「索引」を作らねば使えないことも明言した。谷口と予感したとおりだ。岡田さんはこの構想を話しながら「やる気と金はあるか」と言う。「ない」とは言えない。すぐ芦屋にいる杉原四郎さんに相談した。すると、杉原さんはすごく乗気で全面的に応援するという。やるしかない。岡田さんとつれだって芦屋を訪ねる。杉原さんの話を聞きながらまた時間のかかる仕事を抱えたと思った。研究会のメンバーと索引づくりの協力者を募らねばならない。

日大岡田研究室に経済学部図書館の大日方祥子さんが呼ばれて来た。

トレパン姿でTシャツの胸にブルドッグを染めぬいた大柄な女性が現れた。

「お郷《くに》はどちらですか」

「上州赤城山ん中よ」

「おれ、利根川っ縁《ぺり》です」

これが初対面の挨拶だった。群馬県人は単純だ。こちらの構想を伝えると、大日方さんは、躊躇もせずに、友達に協力を呼び掛けてみると約束してくれた。なんだか頼れる予感がした。

索引づくりのグループには、一番に一橋大の金沢幾子さんが応じてくれ、早稲田や明治学院、学習院、日大、法政大の大原社研、流通経済、東京経済、慶應、鶴見、東京家政など東京近郊のシャキシャキしたライブラリアンがあつまってくれた。特に一橋大、日大からは何人も来てくれ金沢さん、大日方さんの力の入れようがよくわかった。大学図書館問題研究会と経済資料協議会の会員を中心とした集団が出来上がった。この人たちの名は日本経済評論社のホームページに刻印してある。

【東京経済雑誌記事総索引　採録・編集者】

責任編集・金沢幾子（一橋大学附属図書館）　青木小夜子（一橋大学附属図書館）
植戸京子（一橋大学附属図書館）　大森土子（東京家政大学図書館）
大日方祥子（日本大学経済学部図書館）　風間静夫（東京経済大学図書館）

川森静子（一橋大学附属図書館）
古在重代（東京経済大学図書館）
田口照美（一橋大学日本経済統計情報センター）
塚原　明（明治学院大学図書館）
長谷川豊裕（鶴見大学図書館）
湊　邦子（日本大学藤沢高校図書室）
村上保彦（一橋大学附属図書館）
若杉隆志（法政大学大原社会問題研究所）
草原奈知子（日本大学商学部図書館）
杉江弘子（日本大学経済学部図書館）
千村英子（学習院大学法経図書室）
永田修一（鹿児島情報ビジネス専門学校）
廣田とし子（慶應義塾大学三田メディアセンター）
宮本二三子（流通経済大学図書室）
矢部知美（一橋大学附属図書館）
渡辺洋一（早稲田大学現代政治経済研究所）

研究グループも老川慶喜さんや松野尾裕さん、本間靖夫さん、和田勉さんなど若手の面々がそろった。みんな手弁当のつもりだったので驚いた。研究論文集『田口卯吉と東京経済雑誌』は九五年に上梓。『東京経済雑誌記事総索引』（全四巻、定価二〇万円）は八年がかりで九六年に完成。長丁場の仕事だったが、どちらも世界を広げ愉しい交友もできた。特に大日方さんは、みなさんを前進座の芝居見物や映画に誘ったり、小旅行を企画したりしながら結束を強め最後まで誘導してくれた。

大日方さんは日大退職後信州鬼無里《きなさ》の古民家に移り住み、地域の活性化のために夫とともに精力的に活動していたが、二〇一三年七月、ご当地に没した。

金沢さんも提出された作業用紙を何日もかけて点検し、索引の姿に整えてくれた。金沢さんは、その後たくさんの書誌論文を発表し杉原四郎さんとの交流を深めていった。福田徳三に関する書誌的研究では第一人者となり、二〇一一年には『福田徳三書誌』（B５判、八八八頁）を上梓している。「図書館サポート・フォーラム賞」も受賞した。

老舗出版社「明治文献」が手掛け未完成になっていたものを仕上げたにすぎなかったが、『東京経済雑誌』の完全復刻と総索引、研究書を学界に届けられたことに安堵した。そして密かに思った。われらはただの復刻屋ではない。

つけ加えておかなければならない。この時代の索引づくりは手仕事である。項目を一枚一枚カードにとるのだ。コンピュータを駆使する今では考えられない作業である。ライブラリアンは時代ごとに分担し、日中の図書館仕事が終わってからやってくれたのだ。人によっては、家に持って帰り日曜日もつぶしてやってくれた。でも「降りた」とは誰も言わず、栗原に会うと「楽しいよ」などと愛想を言うのである。「索引」ができあがって後、初めて聞くいくつもの苦労話に胸熱くしたのは当然であった。みなさんに一銭の謝礼も出していない。杉原さんが栗原に宛てたはがきに「これは図書館員の偉業だ」と書いてくれたので救われる思いだった。後々この『索引』を利用する研究者はこの一事だけでも記憶しておいてほしい。一人一人の笑顔は生涯忘れまい。

また、この『総索引』の印刷所は大日本印刷だった。スナック「みその」の旦那が大日本印刷で部長をしていた縁だった。裏町の印刷屋しか知らなかったので、大日本印刷の先端技術には驚くことも多かったが、教えられること多く、世間が広くなった思いがした。営業マンもお行儀がよく気持ちよく仕事ができた。余計なことだが、請求額は二〇〇〇万をはるかに超えていた。二〇〇〇セットの制作。完売すると売上げ金額は二七六〇万円、差し引き幾らか。本屋で致富は望めない。

索引本体が出来た日、嬉しくて索引メンバーに電信を送っている。


みなさん。『記事総索引』が出来上がりました。朝方、製本所より「今日できる」旨連絡があり、待っていられず製本所に走りました。一一三、〇〇〇項目、四、六八八頁、目方一一・五キロ、三貫目の本になっていました。こんな本作ったことはありません。初体験です。私の机上に「研究会ノート」があります。一頁目は一九八八年一月三〇日の会議録研究者とライブラリアンの初会合。金沢さん、大日方さんが出席しています。雑誌研究と索引の検討に数ヵ月も議論しています。索引づくりの人手は二桁は必要だと試算しています。

六月に金沢さんがキャップを引き受けています。索引メンバーだけの会議がもたれるようになっていきます。大日本印刷の見積書、採録分担表も貼り付けてあります。九二年七月には採録作業の遅れに対して臆面もなく「督促」しています。今思えば「ごめんなさい」です。いろいろ制作日誌を書きたいですがもうやめて、早くお見せしたいです。八年間もご苦労さまでした。今日できました。

もう一度言わせてください。みなさん、ありがとうございました。(一九九六年三月四日発)

持ち込み原稿と編集者

出版社に集まる原稿にはいろいろな形がある。編集者が依頼して執筆願うものが基本だが、それだけではない。どなたも馴染みなのが「持ち込み原稿」である。頼まれもしないのに書いて、目ぼしい出版社に字の通り「持ち込む」のである。執筆者にとっては勇気の要ることである。ある意味では、学術書など頼まれて書くものではないから当然かも知れない。また、編集者がどこの誰先生のあの研究はどこまで進んでいる、と細かなところまで承知しているのは難しい。三年、五年と年数もかかる仕事が多いので、「待つ」という感覚ではない。だから、編集者の知らないところで密かに進められる研究の方がはるかに多い。それが持ち込まれることは出版社にとっては幸運なことなのかも知れない。学術書の出版社は持ち込まれる原稿を軽く扱ってはいけない。頼みもしない原稿がもたらされることは、研究者が密かに書きためて本にする自信を得て、出版社の門を叩いた瞬間なのだ。

学術書は編集者が作ったのではない。こういうと、『学術書の作り方』なんて本を書いている高名な大学出版部の編集者は不快かも知れないが、それでも、学術書は研究者個々の独創の産物だといいたい。編集者は深い交流のなかで研究者の「発表」の決意を促し、それを本にする役割にすぎない。研究者の決意の瞬間を捉えることは、編集者というよりも人間としての相応の鍛錬が要る。人縁こそが学術書を作るといわれる所以である。

飽くまで比喩で誤解されては困るが、永原慶二さんに概説通史『二十世紀日本の歴史学』(吉川弘文館)の執筆を「依頼」することは出来るかも知れない。だが、超専門分野の『アテナイ公職者弾劾制度の研究』(東京大学出版会)を橋場弦《ゆづる》さんに執筆依頼することは出来ないだろう。頼まれてやれる仕事ではないからだ。橋場さんの研究が本になるには橋場さんの清水の舞台から飛び降りるような決心と、編集者と交わしたどれほどたくさんの呻吟があったことだろうか。著者と編集者が人としてお互いを認めあった一級の事例である。ここには、人としての損得や営業上の利得計算が全くない。

「連込み」「押込み」「駆込み」「売込み」などと呼ぶ原稿もあるが、それらの呼び名には蔑視がこめられている。それらは編集者と原稿の接点を名付けたのであって、原稿の評価ではない。人の評価でもない。どう名付けるかによって著者と編集者の関係が透けてみえる。編集者が本を作るなどと思いあがっている編集者には、原稿の評価も著者の怨念も理解できまい。読みもしないで「お断り」するなど論外である。

だが、「売込み」原稿はいただけない。図書館がいくつあるから、学部がいくつあるから、ファンが何人、オタクが何万人と皮算用して売れることを前提にして「売り込んで」いるのだ。基本的に研究書の原稿は売るために書かれてはいない。伝えるためなのだ。本気で伝えたいのは一人だ。それが多数になることはあっても、それは根源的な目的ではない。ラブレターを不特定多数に向けて誰が書こうか。かつて未來社の西谷能雄さんが「一万部売れる」と豪語する著者に向かって「他所《よそ》に行ってくれ」と追いかえしたという話を思いだす。

向井清史の果し状

方向定まらない日々の連続であったが、「持ち込み原稿」や「紹介原稿」も真摯なものが送られて来るようになった。われわれが学術書の出版を目指していることが少しは伝わり始めたか。このまま伝播していってほしいと願った。

名古屋大学にいた向井清史さんが『沖縄近代経済史』を出版したいと言ってきた。長い対面の中で、なぜ沖縄経済史を研究するのか、あなたにとってそれは必然なのか、どうしても本にしなければならないか、などと答えにくいことをこちらも真面目に、いくつも質問をしたのかも知れない。

向井さんはそんな栗原に説得を試みるのだ。向井さんがどんなに真剣に、自分の論文を一冊の本にしようとしていたかを物語る一文を紹介する。手書きだ。

先日はお忙しいなか、貴重なお時間を割いていただき有難うございました。論文を送らせていただきますので、御高配を賜りますよう心からお願い申し上げます。

さて、先日の「今なぜ沖縄研究なのか、わかりやすく説明するように」との御言葉に従って、以下、私の考えているところを述べさせていただきます。

昭和五二年に科研費による共同研究の一員として初めて沖縄を訪れ、沖縄経済史研究に接する機会を得ましたが、それまでの研究論文に目を通してみて、いたく失望したというのが実感でした。何故なら全て沖縄経済の停滞性を自明のこととし、その理由を、日本資本主義の植民地主義的、差別的収奪に求めることで満足してしまっているものだったからです。

それは丁度、独占資本という言葉や資本論等からの引用でもって論証しえたと錯覚してしまっている文脈を読まされた時にも似たような空しい気持でした。また沖縄問題が高揚した七〇年前後に、例えば『歴史学研究』三七一号に象徴されるように、多くの歴史学者が沖縄史を等閑視してきたことに自己批判を表明しておきながら、依然としてそれが通りいっぺんの懺悔に終わってしまっているという現実も、いやおうなしに知らされました。七〇年前後に学生時代を送った者の一人として、それを座視しておくにはしのびないという若さ故のロマンチシズムにとらわれたのが、沖縄問題に手を染めるキッカケでした。

しかし、研究を進めていくうちに、沖縄経済史についての認識の誤りが、実は沖縄復帰運動を単なる復帰運動に終わらせてしまい、沖縄の再生につなげることができなかった遠因なのだと思い至りました。すなわち、戦前沖縄の矛盾が日本天皇制絶対主義による差別的収奪にあり、戦後はそれがアメリカ帝国主義に変化したにすぎないとするならば敗戦によって「民主化」したはずの日本に復帰することによって沖縄が抱えている矛盾が解決されると考えられたとしても全く不思議はないからです。

本土復帰の結果が、固有文化圏としての沖縄のアイデンティティの喪失につながり、復帰特別措置による公共事業、基地、観光に依存しなければ再生産しえないといういびつな経済構造が年々強まりこそすれ改善されることがない現実を、沖縄を訪れる度に再認識させられるにつけ、沖縄問題の構造認識を根本的に修正する必要があるという思いはつのるばかりでした。「差別史観」は差別を鋭くえぐり出すことに成功しても、それを科学的に確定しえない難点を本質的に持っていることは安良城盛昭氏も指摘しておられる通りだと思います。沖縄問題の位相を、差別を指摘することだけに甘んじることなく、経済の再生産構造から解明することが今最も必要なことであり、それを通じてしか沖縄の自立への途も模索しえないのだと考えながら今日までやってきた次第です。

今年は沖縄国体が開催され、戦後各県順繰りで開かれてきた国体が一巡します。同時に復帰一五周年にも当たります。こうした関係から、復帰の意味を問う議論も再び一定の盛り上がりをみせるのではないかと予想されますが、それが既存の枠を一歩も出ることなくアダ花的に終わらないよう私の「沖縄経済論」(戦前までに限られますが)を問うてみたいというのが私の今の率直な気持です。

以上が全く地の利に恵まれない名古屋での一〇年にわたる私の沖縄経済史研究を支えてきたパトスです。しかし、研究はロゴスでありパトスで代用するわけにはまいりません。研究においてはパトスに流されないよう留意してやってきたつもりです。

本論文の独自性、新しさは主として序章に展開してありますし、先日も多少なりとも説明させていただいたつもりですが、念のため今一度簡単に説明しておきます。

第一は、実証性を徹頭徹尾追求したことです。従来、沖縄経済史研究では資料の焼失、散逸ということを免罪符にして、残存する資料の徹底的考察、分析という作業までなおざりにされてきたことは否めないように思います。沖縄経済史研究の実証水準を著しく高めたということについては、いささかの自負を持っているつもりです。

このことによって沖縄を停滞的社会であったとする考えや、東北より遅れて寄生地主制の発生をみたとする通説的理解が、いかに予断や資料の誤読によるものだったか十分説得的に明らかにしえたと考えております。

第二は、沖縄経済史研究が潜在的に持っている射程の長さを強調しているところです。これまで、沖縄経済が漠然と東北より遅れた類型として考えられてきた為に、沖縄研究の意義が単なる一地方史研究に歪められて理解されてきたと思われます。本土の歴史家が自己批判したままで終わってしまい、安良城氏も述べておられる如く、依然として沖縄史研究が沖縄出身者によってのみ行われている現状にほとんど変化がみられないのも、この通説的理解と無縁ではないはずです。けだし単なるタイムラグが存在するにすぎないとすれば、その地に特別の愛着を持っている研究者以外に興味をそそられることがないのも故なしとしないからです。

しかし、戦前沖縄は完全な国際商品たる砂糖を生産する一方、甘藷を主食としていた関係上、労働力価値の水準が一段低かったという決定的違いを持っておりました。それ故に日本資本主義の発展は、沖縄にあっては、本土とは全く異なるかたちでの農業問題を発生させることになったのです。本土の農業問題の発生相と沖縄のそれとの間にはポジとネガの関係があり、それ故にこそ、沖縄農業の分析は逆に日本資本主義農業問題の特殊性を解明する基準たり得ると考えられます。

同時に、国際商品に特化していたということは、その分析を通じて、今日輸出向け一次産品に特化して呻吟している発展途上国経済構造の解明にも一定の示唆を与えうるものと考えています。

以上、私の沖縄研究に寄せる思い、本論文の意義について述べさせていただきました。思いのほか手紙が長くなってしまったこと、生来の悪筆をお許し下さい。

なお、疑問点、いま少し詳しい説明が必要な箇所などございましたら何時でも呼びつけて下さい。何度でも足を運ばせていただくつもりです。不尽

向井清史

これは一九八七年二月一八日付、向井さん若かりし日の書簡である。これほど真摯に本屋を納得させようとした新人の著者を知らなかった。分からなければ何度でも行って説明する、と栗原を脅かしている。当時は「俺の本を出さなくて何が本屋だ」と言われたように感じたものだ。これ、果し状か。既成の学会に斬り込もうとしている武者を連想した。栗原はこの脅しに感動した。己の成果に自信を持つ著者を信じること、それと連帯した先に出版社があ

ること、そして本は「売れる」だけで出版するものではないことも確信した。向井さんは知るまいが、この時栗原は金だの貧乏だのに拘りすぎていた自分を恥じた。本屋として初めて真人間になろうとした。長文の紹介はその証である。

その後本が出来てから向井さんを誘って沖縄の大学に宣伝に出かけた。泊ったホテルでこれからどう生きようかと話合い、『鋼鉄は如何に鍛えられたか』に出てくるオストロフスキーの言葉を借りて「生き急ぐ」ことを誓い合った。この本は八八年度の日本農業経済学会賞を受賞し二人の出会いを讃えてくれた。

鉄道史関係本の順調な刊行と島崎久弥さんの日経図書文化賞、越沢明さんの土木学会賞、杉原四郎さんの物集《もずめ》索引賞などの受賞、『ポスト・ケインジァン叢書』の継続刊行、『常民叢書』の復活など先代の遺産を再生させながら新しい著者の本も多くなり、社は生気を吹き返してきた。一〇年が経っていた。

鈴木正彦や上野教信を迎え、また宮野芳一の復帰も成り、出版専門学校を卒業したての新人新井由紀子が加わり全分野での活動が展開され始めた。特に新井は復刻資料の制作面での創意工夫が顕著で、卓越した技量と理論を持つようになり、編集者として著者から認められていった。

新刊本は出ているし、忙しくもある。金繰りも少しは安定してきた。だが、何かが足りない。出版物に一貫性がないのだ。出版物を貫く主張がないのだ。どんな出版社になろうとしているのか。どんな本屋を作り上げようとしているのか。ひもじさには慣れてきたが、貧乏に耐えるだけでは本屋としての意味がない。小さな欲望が芽生え、右顧左眄する日が始まった。

ただ、報告しておきたいことがある。八一年以来手形のジャンプに悩んだ業者の負債が終わったことだ。みんなよく頑張ってくれた。屈辱の七年半であった。最後のジャンプ手形が落ちた日の晩、回収不能を一番心配していた堀留洋紙店の社長が社員全員を伝馬町の中華そば屋に招待してくれた。女子社員には襟巻やハンケチを、男どもには紹興酒を腰のふらつくほど振舞ってくれた。栗原は、長い間心配をかけたことを心から謝した。この夜のことは忘れまい。

四、さまざまな邂逅――一九九〇年代

業者への支払いに追いまくられていたような何年かだったが、それが終わったとき、目の前から敵が消えたような、うまく表現できないが気の抜けたような気分になった。負債は敵ではない。自らが負った傷が癒えたにすぎないのだが、会社が健康体であるためには、再び傷を負ってはならない。どんな本を出版して生きて行くか。この問いは絶え間なく続いた。問いかけは内に対しても外に対しても続けられねばならない。

そうは言っても、日々の生活態度が変わるものでもなかった。その中で一人でも多くの著者に接触し揉まれること、転がっている石なら苔も生えまい。転がりながら生きていこう。いつだって前途は霧中なのだ。そんなことしか考えられなかった。

酒亭「あくね」にて

神田神保町の酒場「あくね」は論創社の森下紀夫さんが、慶應義塾大学の小松隆二さんの飲み残しボトルを片付けに行こうと誘ってくれたことから通う羽目になった。

鹿児島小湊生まれのママ阿久根テル子さんは、戦前に伯父と共に満洲に渡りロシアの侵攻で逃げ帰って来たという。酔うと片言の満洲語と鹿児島弁が入り交じる。着の身着のままの引き揚げ時の体験談には臨場感があった。「コーリャン畑を裸足で走っているの。そのうちモンペも破れ胸もはだけて乳から血がでて真っ赤になっているの」聞く者は笑うことも冗談を飛ばすことも出来なかった。ママは帝国主義だの、反戦だのと客の前で口にしたことはなかった。飯が食えて酒が飲めて金を払う客と話している時間を最大の喜びとしている風だった。

阿久根さんは、有斐閣の裏手にあった「紅魚亭」という割烹料亭の帳場見習いからこの道に入ったという。紅魚亭で筑摩書房の創業者・古田晁《あきら》や作家の唐木順三らに出くわし、その人たちにくっついてくる助教授や編集者たちを知ることになった。気さくな人柄が幸いして明治や中央、東大の先生にも可愛がられた。一九六〇年秋、安保騒動が収まって池田内閣が月給倍増計画をぶち上げる頃、神保町の一角に「あくね」の看板で独立した。三〇歳になったばかりの野心に燃えた女だった。紅魚亭で知った客を根こそぎ引っぱってきて店は賑わった。筑摩書房、岩波書店、白水社、博報堂、福村出版……近所の本屋の連中がたくさん常連となった。特に筑摩書房の古田社長はここを応接間がわりに使ってくれたという。だから筑摩が七八年に会社更生法を申請して、客足は激減、店はぐらついた。特定スポンサーに過度な依存！ 危険の分散ができていなかった。それでも続けた。

栗原が出入りするようになった八〇年代末期は、パチンコ屋「人生劇場」の裏手、バー「カントリー」に隣接して佇んでいた。椅子は一一席、横並び一本で、客は誰と話すにも首をまわさなければならなかった。ママはハタ織機の杼《ひ》のように左右に行き来していればよかった。

常連は古本屋の青年や白水社のお偉方、岩波書店のOB、明大の小川茂久、古谷野素材、中大の金原左門、東大の兵藤釗《つとむ》、それに東京大学出版会の渡邊勲、有斐閣の池一《いけはじめ》、そうそう警視庁の某刑事も「桜田商事」などと頬っかむりして足繁く通っていた。店には信州育ちの輝ちゃんという年増盛りの美人がいて愛想を振りまいていた。『書の終焉』（同朋社）でサントリー学芸賞を受賞して間もなかった、書家にして文明評論家の石川九楊さんも夫人の美耶子さんを伴ってときどき顔をだしていた。栗原が石川書塾に通い二〇年も手習いに親しむことになったのはここのカウンター

阿久根テル子さん

が出発だった。テル子ママも石川書塾の生徒で、「十人十色」なんて書いていた。石川書塾には「書」について一家言ありそうな塾生が何人もいて、従いていくのが容易でなかった。

その頃は、飲み屋が企画の相談所になるとはつゆ思ってはいなかったが、栗原は運がよかったのか、岩波や有斐閣では歓迎されない原稿を書く著者と毎晩のように隣り合った。そのときの栗原は、この酒場でのおしゃべりが企画を展示する屋台のように見えていた。店にはピーナッツしかなかったが、ママや教授連との話に興味を持ち、夜ごとに通った。

栗原は業者の債務が片付け終わってホッとしていた時期だった。寝ても覚めても離れなかった借金が目の前から消えて、学術出版とはどう生きればよいかを考え始めていた時期だった。酒も飲まずに本屋がやれるか、と言ったのは小心を隠した虚栄心もあったかも知れない。そのくせ臆病者は心底酔えないいか弱さを抱いていた。気を緩めたらまた地獄だぞ、と天が囁くのを耳の奥で聞きながら呑んでいた。


俺の作った本だ、読んでみろ——編集者渡邊勲

客のいない晩だった。

三つ四つ離れたスツールに座る同業の紳士を紹介された。「とても立派な出版社の方よ」とママ。わざわざ加える「とても立派」が人なのか会社なのか気になったが素直に応じて名刺

を交わした。これが本郷・東京大学出版会の編集者渡邊勲さんとの出会いだった。

何度か同席しているうち渡邊さんは自らが作った本に異常な自信をもっている人とわかった。自分が編集したいくつかの本を見せ、「いい本だ。読んでみな」と薦めるのだ。自社の本を「こんな本しか作れねえのか」と編集部にあたりちらしている栗原にとっては、異様な自信家に見えた。自分が作った本を他人に薦められないようなら編集者は失格だ、と建前では言えるが、面と向かって「いい本だ」と自らを信頼している精神に驚いた。慥《たし》かに、渡邊さんは東大出版会で名著とかベストセラーといえるものをいくつも企画編集しているが、この並外れた自信はどこから湧き出てくるのだ。刺激的だが過激な思想の持主かと思って警戒もした。しかし、栗原にはこの追いつき難い自信が不思議な魅力をもって迫ってきた。こんな言辞をいつかは放ってみたいものだ、そう思った。

渡邊さんや有斐閣の池一さんが生み育ててきた「歴史書編集者懇談会（歴編懇）」は百数十回を超える例会を開いている。毎年、会員が手掛けた本を持ちより会の年度賞を決めている。売れた売れないに関係なく、編集者がどんな思いで、どんな縁でその本を作ったかを評議する非営業的な賞である。出品者に対する渡邊さんの批評は優しい。渡邊さんの質問は本を作る過程での、著者と編集者の攻防の機微を浮き彫りにしてくれるからだ。受賞者は賞品よりも、渡邊さんに解説してもらったことを誇りにしていた。

この会に誘ってくれたのも渡邊さんだった。会に顔を出すと、岩波書店の伊藤修、創文社の小山光夫、法政大学出版局の平川俊彦、校倉書房の山田晃弘、三省堂の欄木《ませぎ》寿男、東京堂出版の松林孝至、青木書店の島田泉などの面々が待ち伏せていた。もちろん有斐閣の池さんも笑顔で迎えてくれた。どなたも鋭い問題提起をした歴史書の編集者だった。

栗原は普段の勉強不足を補おうと、例会にはせっせと通った。企画のヒントはないものかと狙っていたが、どなたも慎重な発言で仕事にすることはできなかった。話が高度で抽象的でだんだん「学」に移っていくのだ。栗原は中心になる議論からは脱落気味だった。

だが、会がハネて飲み会になると俗人的な話も出てくる。若手の会員からは、職場を代わりたい、独立したい、など結構生々しい相談もされて、歳相応の対応はした。

小山光夫さんは二〇〇五年に知泉書館なる学術出版社を創り、トマス・アクィナスとか、ヘーゲルとか、寝ころんでは読めない本を精力的に送り出している。また、吉川弘文館の編集にいた永滝稔さんが有志舎を立ち上げたのは、この会の幹事役をしていた二〇〇五年だった。それは祝福と反対の入り交じる中での船出だったが、今では歴史書の世界で、押しも押されぬ書肆となって新しい視点からの問題を提起し、同業を瞠目させている。

あの晩も暑い夏の夜だった。渡邊勲さんはいつもご機嫌だ。

横浜国立大学遠藤輝明さんの仕事を紹介された。何かの都合で出せなくなった企画のようだった。書名は『地域と国家』。遠藤さんを中心に何年も続けてきた研究会の成果である。前編は既にご自身の出版会から出ている。その続編なのだからそれなりの理由があって出さないのだろう。執筆メンバーを聞くと広田明、大森弘喜、広田功、永岑三千輝、秋元英一だという。原輝史、権上康男、浅井良夫の名も出ていたと思う。これを見せられてすぐさま西洋経済史分野への拡大がひらめき、何もいわずに遠藤さんと会う約束をした。

後年みなさん著者となる人々である。わが社の西洋経済史は原輝史さんの『フランス資本主義研究序説』（一九七九年）が最初の試みだがそれ以後広がっていなかった。原さんの本は谷口が担当したので、この一件を谷口に話すと乗り気になった。間もなく広田功さん同伴で遠藤さんが来社してくれた。話はすぐ決まった。思惑どおりこの企画の実現はこの部門に大きなはずみをつけるものとなった。谷口は組織者遠藤さんをさておいて執筆者たちと親交を結び、いくつもの研究書に結びつけていった。その後、遠藤さんは社会科学書の「書評年報」をつくろうと谷口を口説いていたがなぜか実現しなかった。

もちろん、「あくね」は飲み屋だからそこでは飲んでばかりいるのだが、たまには毛色の変わったこともした。渡邊さんが連れてってくれた名所はいくつもある。『異国の丘』の作曲者吉田正の音楽館、横須賀の帝国海軍「戦艦三笠」の腹の中、共産党赤旗まつりの「歌声喫茶」、神田川の川下りと「どぜう」屋、藤村志保の語り劇、晴海の東京ブックフェアー、銀座の高級おでん屋、金原さん主導の箱根の竹酒、信州栄村、仙台での大学図書館問題研究会の全国大会、歴史家色川大吉さんのお宅にもご一緒してくれた。周防の古書肆マツノ書店の店主松村久さんにも会わせてくれた。四谷の料亭「くつき」の夜も忘れられない。松村さんとの文通は史料復刻を話題にして何年も続いた。

「女性の日記から学ぶ会」という特異な集まりがある。信州生まれの元教師島利栄子さんが主宰する。千葉を活動拠点とするが、会員は全国に及んでいる。この会は女性の日記から、戦争や生活の中の苦しみや喜びに、人々の生きる力を学びとろうとしている。この会に誘ってくれたのも渡邊さんだった。現代史家吉見義明さんの講演があった時だった。栗原は会員から誘われるままに、何度か集会に顔をだすようになり、何人かの青年研究者とも面識を得て、騒がしくとも知的な談論をする日をもつようになった。

あちこち誘われくっついて行ったが、そこには何時も渡邊さんの大真面目なレクチュアーがあった。折角怖い先生やカミさんから解放されているのに、もっと柔らかな話はないのかと思った。渡邊さんは正義至上主義者、義に外れたことはしない。放蕩には縁遠い周防生まれのインテリゲンチャだった。

「アンポン資料」刊行の棟梁――林健久

「あくね」で林健久さんが機嫌よく信州の自慢話をしていた。東京大学の現役財政学者だ。林さんの著作はひとつも読んでいない。林さんの信州自慢に対し上州の焼饅頭で応酬したが歯がたたず軽くやりこめられてしまった。翌日、本郷の研究室を訪ね昨夜の非礼を詫び、企画の相談を始めると、「待てっ」と言って意外な提案を受けた。一九九〇年の秋だ。

「キミが考えているつまらん企画より、ちょっと手伝ってもらいたいことがある」

「財政話ですか」

「違う、アンポンだ」

「えっ？」

そう言って経済企画庁所蔵の「経済安定本部資料」について話しだした。

栗原は『経済白書』を復刻するとき経企庁の図書室に出入りし、そこで長く勤める内山りつ子さんと顔見知りになっていた。内山さんは専門図書館協議会の会員でもあり、古い資料についても詳しかった。その折「安本資料」といわれる茶色になった紙の山を見せてもらったことがある。その時は「凄い量だ」くらいの認識しかない。林さんに指摘されて、あれのことか、と頭をひねった。話を聞けば聞くほど「あれ」に違いなかった。

「こちらにも事情はあるのだが、アンポンの資料を整理し始末つけたい」と言う。よく聞く

経済企画庁の図書室に収納されていた安定本部資料の原本――劣化が激しかった

とGHQ占領時代、経企庁が保管している経済安定本部が残した政策資料の完全整理だった。まさに、あれだった。

整理と一言で言うが、それは「整理・編集・出版」を意味している。経企庁図書室に行ってあらためて現物と総量を見る。図書室の棚に二巡りもある。真っ茶色になった封筒で紙紐で括ってある。仙花紙にガリ版刷り二四万枚。触れば崩れる状態だ。コピーをとるだけでも大変な仕事になる。書棚の前で一瞬たじろいだが、これを契機に官庁が死蔵し民間業者には触らせもしなかった「戦後復興期経済資料」の総ざらいをしてみようか、と閃くものがあった。

三〇年も経って（二〇二〇年）の後日談。原朗さんと談笑の機会があってこの資料が話題になった。原さん「あのね、あの資料を分類してヒモで括ったのは、私と中村（隆英）先生だよ」。そんな前史も知らずに目先の知識で動いていたことを思い知らされ、絶句するしかなかった。原さんの戦中戦後の経済資料調査はそんな昔に着手されていたのだ。

だが、現実には数十巻に及ぶであろう資料集をつくる資金はない。身の丈を超える宿題を出された暮れだった。スポンサーなしではとても無理だ。誰かいないか。

一九九一年が明けて毎日新聞の本間義人さんが新年の酒を飲みに来た。暮れに出された宿題のことを話すと、「誰かいないかな」と首をひねってくれた。そこで本間さんの口から出てきたのが下河辺淳さんの名だった。本間さんは下河辺さんとは新聞記者として知り合いだった。そうだ、本間さんに下河辺さんを紹介してもらおう。

下河辺淳。国土事務次官をつとめた生粋の建設官僚。この時は、総合研究開発機構（NIRA）の理事長だった。まだ七〇歳前で矍鑠としていた。本間さんは国土計画を主テーマとする記者で長い取材上の付き合いがあった。本間さんはいい時に酒を飲みに来てくれたものだ。

NIRAの理事長室で本間義人さん、研究員の石川清子さんと栗原は下河辺さんを待っていた。栗原は前夜から考えてきたこの仕事の意義を語る。うまく話せなかったが、資料整理の重要さを誠意をこめて懸命に話した。下河辺さんは「そんなことをやる気になる出版社もあるんだね」と本間さんの顔を見ながら理解を示してくれた。どんな裁断が下るのか期待のうちに日を送っていると、一ヵ月もたたないうちに返事がきた。どんな稟議書が出され、どんな議論がなされたのかは知らない。だが、「資料整理資金」約二千万円が決裁されたのだ。

これを契機にＮＩＲＡ内に「戦後経済政策資料研究会」が組織され経企庁の蔵深く長い間積みあげられていた終戦資料の整理公刊が着手された。

林さんに下河辺面会の結果を告げると、期待半分だったことの実現に気合を入れ直してくれた。

研究会メンバーを揃えなければならない。

資料は大略、経済統制・経済計画・物価・財政金融など一一項目に分けられていた。それぞれの分野の担当者を決め、資料を精査していくのである。もちろんこの分野の巨魁中村隆英さんの名もあがり、この仕事に関わっていただくよう請願した。栗原の対応がいけなかったのだろうか、話の途中で「君は強引である」と逆鱗にふれ協力は得られなかった。悔やまれたが栗原の力ではどうにも出来なかった。

林さんお頼みします。林さんは各分野の適任者の名を次々に挙げていく。挙がってくるのは東大出身者が多かった。編集委員になってくれたのは次の方々である。全メンバーの名を挙げてその労を謝したい。

経済一般――大森とく子（元大蔵省財政金融研究所）　財政――伊藤修（埼玉大学教授）

経済計画――伊藤正直（東京大学教授）　物価――寺村　泰（静岡大学教授）

財政金融――岡崎哲二（東京大学教授）　外資――浅井良夫（成城大学教授）

産業――奈倉文二（獨協大学教授）
建設――御厨　貴（政策研究大学院大学教授）
運輸――長谷川信（青山学院大学教授）
農林――大川裕嗣（福島大学教授）
労働――三宅明正（千葉大学教授）

この研究会はＮＩＲＡの会議室で定期的に開かれた。林さんによって問題点がチェックされ次々に片付けられていった。資料の選定抽出にも意見は出され、ほかのメンバーがやり直した方がいいと紛糾したこともあった。各先生にはご苦労をかけた五年半であったが、『経済安定本部 戦後経済政策資料』全四一巻の完結をみた朝、栗原は「公金使って大過なく」終ったことに安堵した。もうこの時には下河辺さんはＮＩＲＡの理事長を退職しており後を継いだ星野進保さんが長い格闘をねぎらってくれた。話の発端から八年が経っていた。

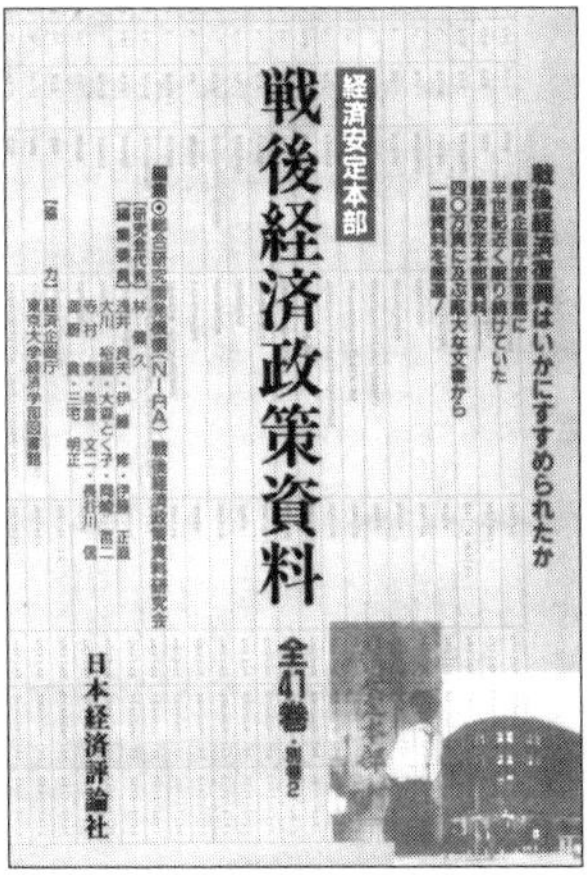

『戦後経済政策資料』のパンフ

経済資料の刊行は以後も続けられるのだが、そのかたわら、「ＮＩＲＡチャレンジブックス」と名付けたシリーズも企画し、二〇巻近くを刊行した。星野さんの単著『政治としての経済計画』も上梓した。これらすべての世話をしてくれたのは石川清子さんだった。

支援してくれたＮＩＲＡもそうだったが、林さんも弱小出版がこの大仕事をやり遂げられるか心配した。やり遂げるためには販売も順調でなければならない。営業を担当した上野教信は、主に丸善販売部と歩調を合わせ全国の大学図書館に宣伝した。彼の夜を徹しての努力は報いられ販売は好成績を上げた。林さんも酷評まじりではあったが、零細出版社の労を慰めてくれた。

安本資料の完結後、NIRAのプロジェクトは編成替えをし、伊藤正直、浅井良夫、明石茂生らによって引き継がれていった。一〇年間継続された戦後復興期の官庁資料の公刊は総計一六一巻を数えた。

経済安定本部 戦後経済政策資料　四二巻（一九九四〜九六年・代表林健久）
物価庁 戦後物価統制資料　八巻（一九九五年・大森とく子）
経済安定本部 内外調査資料　一五巻（一九九六〜九七年・浅井良夫）
経済安定本部 戦後経済計画資料　五巻（一九九七年・伊藤正直）
国民所得倍増計画資料　九一巻（一九九九〜二〇〇二年・伊藤正直、浅井良夫、明石茂生）

である。また復興期資料として、

戦後復興期経済調査資料　二〇巻（一九九八〜九九年・伊木誠）
財閥解体集中排除関係資料　四巻（一九九八年・岡崎哲二）
片山芦田内閣期経済復興運動資料　一〇巻（二〇〇〇〜〇一年・中北浩爾、吉田健二）

日産協・経団連月報　一八巻（二〇〇〇〜〇一年・村橋勝子指導）
戦後復興期住宅営団資料　一八巻（二〇〇〇〜〇一年・代表広原盛明）

など計七〇巻も加えられ復興期経済資料は合計二三一巻を数えた。

資料整理を回顧する浅井良夫

浅井良夫さんが後に『評論』（№２００）誌上で次のように振り返ってくれた。

経済安定本部（安本）の史料は、一九八〇年代後半に私が初めて見た時は、経済企画庁の図書室の棚に紐で結わえて詰め込んであった。戦争直後の質の悪いわら半紙にガリ版で印刷された史料が多く、手を触れると崩れそうで、気を使いながらページを繰ったのを覚えている。一九七三年頃に、東京大学のグループが悉皆目録作成の大作業を行った後は、利用する人も稀で、死蔵に近い状態であった。栗原社長が、どのようなきっかけで、この史料の復刻事業に取り掛かられたのかは承知していないが、経済企画庁図書室の棚の相当部分を占領していたこの膨大な史料の復刻を決断されたのは、英断だったと思う。

安本史料は、おそらく取捨選択されることなく、そのまま残されたのであろう。まさに玉石混交の雑然とした史料群であった。ＮＩＲＡ（総合研究開発機構）に林健久先生を代表者とする研究会が組織され、史料の山を仕分けする作業が始まった。伊藤正直氏、岡崎哲二氏、御厨貴氏など錚々たる研究者が作業に加わった。作業は、マイクロ・フィルム化した史料を焼き付けたものから、重要なものをピックアップする形で行われた。編集用に自宅に届いた二箱のコピーの重さには驚いた。……復刻の印刷に際して、ガリ版のかすれた文字を丹念になぞる作業を根気よく続けられた谷口京延氏の熱意と努力には敬服した。『経済安定本部　戦後経済政策資料』は、膨大な史料を厳選して体系的に整理した資料集であり、とても使い勝手がよく、いまでも輝きを失っていない。

引き続いて『国民所得倍増計画資料』の復刻作業にもお誘いいただいた。経済企画庁図書室が所蔵していた倍増計画の立案過程の史料を編集する作業である。林健久先生をリーダーとする小規模の編集体制で復刻作業が行われた。……最初に書いたことに戻れば、復刻事業はけっして出版社にとって、副次的な仕事ではない。本の形態での復刻は消滅するかも知れないが、史料はやはり歴史家が整理をし、解読をし、解説をつけることで、生きてくる。記録媒体が変化をしても、歴史家の基本的な作業は変わらない。日本経済評論社のこの二つのモニュメンタルな復刻事業は、安本・倍増計画を研究する人にとどまらず、史料編纂事業の事例として、今後も広範な人々から顧みられ、参考にされると思う。……

浅井さんのいう『国民所得倍増計画資料』は九〇巻を超すものになり（全巻揃二五〇万円超）、社内的には、制作の過重や販売の困難によりさまざまな問題を生んだが、それ以上にこの資料が残した歴史的意味は大きいはずだ。倍増計画は、戦後日本が経済大国へと上り詰めていく契機となった革命的とも呼べる大計画であり、その後成長過程でおこる正負の起因をすべて内蔵しているといってもいい。戦争・敗戦・復興を経て、成長を追い求めた戦後日本の経済史を考える必見の資料となるはずである。

われわれは無意味な仕事をしたのではない、と言い聞かせる。

日本財団にて――林雄二郎

ＮＩＲＡの復興期資料の刊行が軌道に乗ってきた九四年春、かつて経済企画庁にいてドラッカーの『断絶の時代』（ダイヤモンド社、一九六九年）を訳しベストセラーにした経済官僚の林雄二郎さんに面会を求めた。不躾な申し込みだったが、気さくに「事務所に来い」と言う。日本財団の顧問をしていた。以前に林さんらが東洋経済新報社から出した『日本の経済計画』（一九五七年）の現代版を企画したのだ。それを言うと「そんな気力もないし、四〇年も前の現場感覚は失せている」と尻込みされながらも、「旧版のままでいい。あれは処女作なので文章は生硬だが、エネルギーにあふれた力作だ」とおっしゃるので旧版のまま復刻することにした。ただし、当時の執筆者を集めてあの本の「歴史的意義」を話し合ってみよう、ということになった。

一方、成城大学の浅井良夫さんも、当時の計画立案者の話を聞きたいと思っていたので、お膳立てをすることになった。そこで大和総研の顧問をしていた宮崎勇さん、元経企庁計画官だった矢野誠也さん、経企庁経験のある田中誠一郎、新藤稔さんにお声をかけ、司会は浅井良夫さんと伊藤正直さんにお願いした。この座談の記録を収めたものが『新版 日本の経済計画』（一九九七年）である。資料からしか読み取ることのできなかった諸計画の作成現場の話は臨場感あふれるもので、陪席していた栗原も顔を紅潮させるほどのものだった。その折、宮崎勇さんに二五年も前に雑誌『銀行研究』の使いっ走りで原稿をもらいに行っていた栗原であることを明かすと、目を細めて思い出してくれた。

この本と同時期に着想した『高度成長期への証言』（上下二冊、『エコノミスト』編）も証言者数十人に許可をもらい復刊した。こちらも第一勧銀の調査部にいた中村孝士さんをはじめ、たくさんの人が懐かしがって礼状とともに注文をくれた。とにかく、高度成長の立役者たちがまだ生存していたから、当時読み損なっていた記録が所得倍増世代に歓迎され、意外な好評を得たものだった。

その後、林雄二郎さんは、時々「竹やぶで蕎麦を食おう」とか「誰それを紹介する」とか言って電話をくれた。話しているうちにこの怪人は東大総長だった林健太郎の弟だということ、作家林望《りんぼう》の父だったり、下河辺淳さんや宮崎勇さんとは盟友だということが分かってきた。こちらは一介の本屋だが、なんか予期せぬ企画がもちあがるかもしれない気がした。こちらが勝手な予感をしていると本を一冊作ってくれ、と誘われた。〝天下〟の日本財団が後ろ楯だということが頭を過り、栗原はすぐ承諾した。今思えば浅ましい限りだ。

書名は『フィランソロピーの思想』。

林さんはフィランソロピー協会の重鎮だという。フィランソロピーって何だ。金持ちの慈善運動のことか。共編者に市民運動家の今田忠さんが選ばれていた。本をつくる段になって、執筆者に号令を掛け、意外に早く原稿が揃った。清達二が編集担当となり滞りなく配本の運びとなった。これで終われば問題なかったのだが、書店に配本して数日後、経済評論家の内橋克人さんから電話がきた。

「あの本には私の本からの無断引用がある」

すぐ調べてみると内橋さんの本『共生の大地』(岩波新書、一九九五年)から文章がそっくり転写されていた。著作権侵害は一目瞭然だ。内橋さんの待つ岩波書店の応接室に出向き謝罪した。もちろん、配本した本の回収と侵害部分を削除した再版本の作り直しをした。「謹告」と題した新聞広告も出した。内橋さんの恩情でこの謝罪広告だけで済んだが、われわれが借金以外で世間に詫びたのはこれが初めてだった。
次は無断引用した当の執筆者を問い質さねばならない。当事者を呼んで事態の重大性を説明したが、当の犯人は「公表されたものは社会の公共物である」などとダダを捏ねて聞き分けが悪い。分かったふりをさせるのにも半年もかかった。また、担当した編集者清にも「盗用がなぜ分からなかったか」と責めたが、これは腹いせの言い掛かりに近かった。彼こそ無念だったのだ。
林さんから書簡が送られて来た。巻紙に楷書で書かれた達筆な墨跡であった。

……お手紙拝読いたしました。特に「謹告」は最後まで彼の名前を伏せていただき本当にお心づかいの程有難うございます。相×君や柏×君たちと「全く武士の情けだねえ」と感じ入った次第でした。それにしても『神保町の窓から』を読みますと、彼があのような非常識且無礼千万な言辞を弄していたとはただただあきれる以外に言葉がありません。あれほどのあきれ返った非常識男をとにかくあのような形で話をつけて下さったことに対しましてあらためて心底から御礼申し上げます。本当に有難うございました。

一月二十八日　　林雄二郎

盗用者と絶縁したのは当然であったが、林さんもバツの悪いことになって、「蕎麦食おう」という電話は途絶えた。それでも林さんとのつき合いは五年を越して続いたのだった。林さんは二〇一一年天寿を全うして世を去った。あちらに行ったら今度は栗原が蕎麦をおごる番だ。

西山夘三が遺した住宅営団資料

西山夘三という都市・住宅問題を専門とする学者がいた。京都大学建築学科を率いた人。戦後、大阪復興計画、京都、奈良の都市計画に多くの提言を行った。また公営住宅のモデルを作り、戦後の公団住宅の原型を構想した。一言でいえば建築家であり、都市計画家であり、住宅問題の巨峰である。一九九四年に亡くなったのを機に京都府立大学の広原盛明さんら弟子たちの強い意志で「西山夘三記念すまい・まちづくり文庫」が設立され西山の残した膨大な資料が積水ハウスの屋敷内に保管・展示されることになった。

この事業を推進した近畿大学の安藤元夫、神戸大学の塩崎賢明ら西山研究室縁《ゆかり》の人々によって西山の書き残していった、「父のこと、職人街大阪のこと」を本にして残そうという話がもちあがった。西山の著作としては珍しくソフトな書き物だ。ことに安藤さんが張り切って、後に『安治川物語　鉄工職人夘之助と明治の大阪』として上梓された。五〇〇頁に迫る大作なのだが、この編集過程は傍で見ていてもとても気持ちよいものがあった。担当の清も気合を入れていたが、安藤さんは髪の毛が真っ白になるほど精をだしてくれた。ちょうどその時、運よく念願の「西山文庫」が京都木津川に開設されたばかりだった。栗原は本が出来たお礼を兼ねて木津川にある積水の「文庫」を訪ねた。アポイントなしでの訪問だった。失礼だったが玄関のベルを押した。九七年一一月二二日のことだった。

突然の訪問なのに安藤さんも塩崎さんも在室していて快く迎えてくれた。開館間もない「文庫」はまだ段ボール箱が山積みされていて、書棚も空いているところが多かった。そんな中で西山資料の主たる部分を説明してもらった。段ボール箱を全部開けるわけにはいかなかったが、一部を見ただけでも戦後復興期の住宅問題資料として大変なものが遺されていることが分かった。この日はこれで帰ってきたのだが、見られなかった資料の中身を知りたい欲求は抑え難かった。

細かい経緯は省くが、広原盛明さんを陣頭に西山資料の主要部分を精選し資料集として刊行する話が具体化された。「住宅」と一言でいうが「うさぎ小屋」の話ではない。戦時では兵力を養う基点、戦後は復興を担う民主日本の生活基盤となる「お家」である。広原さんは、戦時の住宅政策資料から戦後の復興住宅に至る資料整理を指示し、編集委員も政治、経済、工学、設計等々に精通した一〇人を選び出してくれた。本拠地が関西だったため会議をもつのも難渋したが、みなさんとにかく熱心で、東京一橋の学士会館などでも議論を重ねた。特に収録資料中難儀したのは設計図や仕様書などだ。大きな折込み図表は製本屋泣かせだった。『住宅営団資料』は二〇〇一年二月全巻（六巻一八冊）出来。完結祝いだといって広原さんらが清と栗原を京都の吉田山荘に招待してくれた。閑かな佇まいの旅亭で京料理を馳走され恐縮した。

つけ加えておきたいことは、これで終りではなかった。後に京都市長選挙に立候補する広原さんは『開発主義神戸の思想と経営』なる神戸市行政を真っ向から批判する攻撃的都市論をまとめ、塩崎さんは『現代都市再開発の検証』、住田昌二さんは『西山夘三の住宅・都市論』を上梓してくれた。さらに後になって、編集委員の大本圭野さんは『わが町はいかにして先進自治体になったか』と題する大著を著わし、中島明子さんはＥ・Ｍ・ベルの『英国住宅物語――オクタビア・ヒル伝』の翻訳書では解説まで書いてくれた。住宅資料が結んだ本はわが社の一角に鎮座し続けている。

ただ、この研究グループの一人、近畿大学の安藤元夫さんは不思議な願望を抱いていた人だった。阪神淡路大震災に関する、ご自身の調査研究の成果を、東大出版会で出したいというものだった。その橋渡しを命じられ出版会の渡邊勲さんにお願いした。渡邊さんは編集部につないでくれたのだが、この企画は通らなかった。どちらにも都合と矜持はある。だから断られることは仕方ない。安藤さんはどうしても伝えたかったのだろう。そのときの私情を伝えてきた。

このほど、『阪神・淡路大震災　被災と住宅・生活復興』を学芸出版社から出版することができましたのでお送りさせていただきます。

この論文に対して東大出版会の渡邊専務にご紹介の労をとっていただいてから、ずい分月日がたちました。紹介の労のあと、編集の責任者の方から私の方に連絡がありますからと言われ、場合によっては東京に出向いてどのように説明しようかと楽しみにしておりました。ある日曜日の朝、編集の方から電話をいただき、ページ数も多く出版がむずかしい旨の最後に、理事の東大の先生から「東大出版会は、この頃はこんなものも出版するのですか」といわれました、ということでした。できれば、東大出版会から出したいものだと思っていましたが、東大の先生の権威？をつかうこの編集者からは、幻想は全くなくなりました。今回の本は、科研の助成がついたりして少し安くなりました。……。出版できたら、東大出版会の編集者の件を栗原社長にぐちっておきたいと思っていました。渡邊専務にもちゃんとつないでいただいたうえでのことですから、気を悪くなさらないでください……。

「こんなもの」という表現もいやだが、「こんなもの」と判定したのが当人ではなく、理事先生のことばを借りての「こんなもの」だったので余計に悔しかったのだろう。「出版社も十人十色です。もう二度とそんな気を起こさないでください」と言って宥めた。断るときの「ことば」は相当気をつけなければならない。怨みでもない限り、原稿の仕入れ先たる著者を悲しませたり傷つけてはいけない。安藤さんのこの研究成果は、日本建築学会賞を受賞した。

大石嘉一郎とご一統の著作

大石嘉一郎さんは共同研究を組織する名手と聞く。『日本産業革命の研究』『日本帝国主義史』（全三巻、ともに東京大学出版会）などの名編著書があり、また民権運動史研究では必読とされる『日本地方財行政史序説』（御茶の水書房）の著者である。栗原は、よく読みもしないのに、出ればすぐ買って本箱に押し込んであった。だから大石さんの名前を聞いても魂消たわけではなかったが、大石さんお声がかりの企画がもたらされたときには、「ほんとだろうか」と疑った。

その話を最初にもたらしたのは都留文科大学にいた大門《おおかど》正克さんだった。「あくね」で飲んでいると、酒など飲まない大門さんが、福島大学の栗原るみさんと共にやってきて、「また飲んでいるのか」と嫌味を言う。「話がある」と引っぱりだされた。聞けば大石さんと西田美昭さん等で長野の五加村役場資料を一五年も調べてきたが、やっと終わった、出版社を探している、と言う。大作になるらしい。こんな話は微塵も聞いていないから、どこかの出版社で問題が起こったのだろう。案の定、ある老舗歴史書出版社の都合で出せなくなったという。お流れ話には慣れている。

翌日、東大社研に谷口京延を伴って行くと大石さんと西田美昭さんが待っていた。執筆者は大門さんのほか林宥一、金澤史男、安田浩、栗原るみ、土方苑子、大島栄子、筒井正夫、田崎宣義さんたちである。大作であることに躊躇はしたが、歴史分野の出版強化に異存はない。引き受けることにした。編集作業は人数の多いだけではなく、内容の重さに苦労した。谷口が「構造分析」や「機能分析」について「これはどういうことだ」と問いかけてきても栗原には答えることが出来ず、二人ともいい勉強になった。苦労の甲斐あってどでかい本が出来上がった。九一年二月のどん詰まりだった。

名付けて、『近代日本の行政村――長野県埴科郡五加村の研究』（七八四頁）。

宣伝用にコピーを書いた。これでいいかと西田さんに見せに行くと、「なんだっ、キミにはこんな文章しか書けないのかっ」とボツにされた。栗原の頭では無理だった。代わって林宥一さんが書いてくれた。そのお陰で研究者から「村の社会経済構造、行財政過程、政治過程を総体として捉えた」と評価され学会に一矢を打ち込むものとなった。後になって気づくのだが、この本の刊行はかつて柴田敬の著作によって「学」に近づいたように「歴史学」分野に接近する一大画期となった。

その後、この本の執筆者とは親しく交わるようになり、西田さんを筆頭にいくつもの研究書を上梓してもらった。西田さんは大石さんの共同研究方式を踏襲し『戦後改革期の農業問題』(九四年)、『高度経済成長期の農業問題』(二〇〇〇年)を仕上げてくれた。

西田さんは『西山光一日記』(東京大学出版会)という大作を既に送り出していた。一五〇〇頁に迫るもので、定価は万を超すものだったので、この日記の普及版を編もうとしていた。新潟・西蒲原郡の農民西山光一の日記から戦前戦後の農村の変容を再現しようと、痩身に鞭打って素稿を仕上げた。何人かの研究仲間に読んでもらったうえで、西山さんの末裔に出版の意向を伝えると、「我が家の恥部を晒けだすのは困る」と許してくれず、結局本にすることは出来なかった。

悔しい思いを抱える西田さんと神保町で飲んだ。家族のことや学生時代の友だちの話を聞かされた。別れるのが辛くなり、「もう一軒行く」と本郷の割烹料理屋「入舟」に連れて行かれた。そこには若いときからのフレンドママがいて落ち込む西田さんを明るく慰めてくれた。「入舟」は西田さんの癒しの酒場らしく、その後も何度かご一緒した。

金澤史男さんは大石さんとの共著『近代日本都市史研究』、編著『現代の公共事業』『公私分担と公共政策』では十数人の研究者を統率した。金澤さんは横浜国大の教室で倒れ若くして逝ってしまったが、師林健久、友持田信樹さんらが惜しんで遺稿を二冊の本にしてくれた。このとき初めて、教え子に対する林さんの心遣いの広さと温かさを見た。

金澤さんの葬儀の折、林健久さんが「金澤君」と祭壇に呼び掛け「七七歳の私が五〇歳代半ばの、教え子の君の野辺の送りに連なり、告別の詞を捧げねばならないとはなんという悲しみでしょう」と続けたとき、参列者すべてが林健久さんと心を同じくした。

林宥一さんも夏休みの自転車旅行中に倒れた。林さんの遺稿は西田さんと大門さんの力添えで『近代日本農民運動史論』となって遺された。

栗原るみさんは『一九二〇年代の金融恐慌』『一九三〇年代の「日本型民主主義」』の二冊を仕上げ難病に倒れた。この時、師にあたる中村政則さんが「るみさんを救おう」とカンパを呼びかけ、集まったお金を病床に届けてくれたのを思い出す。るみさんは栗原百寿の愛娘だった。

大石嘉一郎さん、西田美昭さん、金澤史男さん、林宥一さん、栗原るみさん、そして安田浩さんも、愛される人が続いていなくなってしまった。

大門正克さんとは切れることなく繋がっている。あの「五加村」の本が出来たあと代表作となる『近代日本と農村社会』を上梓し研究者としての地位を固めた。しっかりした研究書として今も読み継がれている。

大門さんの元気は続く。『昭和史論争を問う』は戸邉秀明さんらとにぎやかに編集した。これは、戦後一〇年経った昭和三〇年に刊行された遠山茂樹、今井清一、藤原彰の『昭和史』(岩波新書)に対して亀井勝一郎が「敗戦にいたる過程の動揺した日本人の姿が描かれていない」と批判し、亀井に同調したインテリも多くいて、大論争になったことがらを研究したものである。論争から五〇年後に、歴史を記述するとはどういうことか、を問いかけた。歴史認識とは何かという現在につながる問題提起の書として注目され、わが社では一千部を超すベストセラーとなった。

大門さんは編集の谷口京延とは同年代で気が合うようだった。有難いことに大門さんは日本経済評論社を経済、歴史関係の有力出版社にしたいという野心を持ち、谷口をその気にさせていた。大門さんの息子をつれて小旅行などにも行く仲になっていた。大門さんのおすすめで知人、友人の多くが原稿を預けてくれた。森武麿、加瀬和俊、阿部恒久、栗原るみ、沼尻晃伸、そのほかに若手が何人もいらっしゃる。大石さんとその一統の本から広がった人的ネットワークは、わが社の刊行物の中に大きな比重を占めることになった。

体ひとつで飲みにこい——金原左門

中央大学を退職した社会学者金原左門さんが「あくね」で飲んでいた。隅でしょんぼりしていると「あなたは誰かね」と聞かれた。月給を社員に渡した日ではなかったか。グッタリしていた覚えがある。

「だれだ」と聞かれても答えようがない。本屋であることを明かし、社名を告げると「じゃあ内田啓吉さんの勤めている会社か」と聞き返された。わが社に創立以来出入りして編集仕事を手伝っている元小学館の編集者のことだ。内田さんは『ジャポニカ』の編集などに携わったり、歌舞伎座の大向こうから声をかけるような出版界の伊達者であった。出は安川電機の重役の子とか言われていた。金に頓着しない人でこういう人を栗原は好いた。栗原は嫁さんをもらいたての頃、都営団地の風呂釜を買う金がなくて借金しに行ったこともある。編集仕事でも手助けしてもらっていた古い知り合いだった。

内田さんの女房が金原さんの縁戚だった。それで内田さんがわが社にいることを知っていたのだ。金原さんとは学問ではなく、こんな俗事で接近した。

金原左門。

『福沢諭吉と福住正兄』（吉川弘文館）、『地域をなぜ問いつづけるか』（中央大学出版部）などの代表作をもつ中央大学名誉教授。地域については小田原を中心に相模の国について細部にわたり論じていた。栗原が接した頃は、「諭吉」の話が多かった。鈴木牧之の『北越雪譜』をもちだし、雪国の暮らしを生き生きと語ってくれたこともある。後年、渡邊勲さんや池一さんを伴って信越国境の栄村にご一緒した時もこの解説は生きた。

「小田原に飲みに来い」と誘われ、東海道線に飛び乗って行くと、行きつけの寿司屋に案内された。ここでは「日本一うまい」と自慢の肴を腹いっぱい振舞ってもらい、海無し県に育って、刺身など満足に食べたことのない栗原を感激させた。小田原城には三度ほど登った。天守で小田原の街を見下ろしながら、女性芥川賞作家との過ぎし日を語ったこともあった。思い人だったのかも知れない。またある時はこんな手紙が来て、喜び勇んで出かけたりしている。

栗原さん　灼熱の残暑ですね。日本のド真中の東京神田での生活はたいへんでしょう。夏に強いはずの小生ですが今年はいけませんね。

ところで、先日は封書をありがとうございました。前日、ここに同封しましたものをお送りするのを忘れましたので『「近代化」論の転回と歴史叙述』の「あとがき」入れておきました。本文の方は、どうでもよいと思いますので抜いておきます。ついでに山北の町民に配る新聞を同封しました。山北という町は神奈川県で横浜市に次いで広い面積を誇る町で九〇％が山、その大部分が丹沢山地で、昨年夏全国的ニュースになった玄倉川のキャンプ流出水難事故のあったところです。

こんな話はよいとして、二、三日前に九月二七、二八日の一杯会の予約をとったことをはじめ、根府川駅で落ち合う時間をいつにするか等、ナベ（渡邊勲）さんから連絡がいくと思いますのでよろしく。念のため宿泊場所を明記しておきます。

スパウザ　〒250-0024　小田原市根府川五八三の一
とにかく相模湾を一望できるすばらしい場所ですので、本が売れない、金のくめんにキリキリ舞い、というようなストレスをあっという間に解消できる場でかつ料理がよいところですから期待して下さい。

ナベさんからすでに連絡済みかと思いますが、電車賃以外の費用は一切わたしがもちますから、酒が飲める体をもってきてくれればＯＫです。

八月二九日　　　　　　　　　　　　　　　　　　　　金原左門拝

根府川の夜はもちろん「相模の諭吉」で盛り上がった。池一さんも渡邊勲さんも傍から適度な合いの手を入れていた。この頃の金原さんは諭吉や遠野《とおの》にことさらな関心を向けていて独演会の気味もあった。それが昂じて『相模の美酒と福沢諭吉』を上梓することになった。

何十通も封書をもらった。独特なスタイルで書かれた便箋は、読むたびに元気づけてもらった。いいお爺さんだった。小田原城のてっぺんで約束した「死ぬ前には必ず別れの盃をやろう」も果せずに、二〇一八年一月、黙って逝ってしまった。

北緯四〇度に立つ——簾内敬司と畠山義郎

岩波ブックレットに『東北農村の戦後改革』なる一書がある。それを手にとったのはことさらな意識があったわけではない。著者の簾内敬司を知っていたわけでもない。一読、この本に登場する畠山義郎の事績に目を惹かれた。二十代で村長になりその後半世紀近く首長を続けた詩人、思想家、村の福祉改革に一生をつぎ込んだ地方政治家の精神史である。このような作家と村長が秋田にいることに驚ろき、感動をもって読んだ。

簾内は秋田の生まれで、二四歳にして白神山麓に「秋田書房」をつくる。自ら筆をとり『銃後の戦史』『戦争のなかの教師たち』など静かな反戦書を出し続けていた。それで食えるはずもなく、貧乏していた。書房を畳み文筆一本にしたのは一九八八年のことだった。影書房の松本昌次さんが目をつけ『千年の夜』など、そのいくつかを掬いはじめた矢先だった。

簾内の本に登場する畠山義郎は、北秋田相川町に生まれ二六歳で村長となり一九九五年に退職するまで四五年間も首長であった。その間、「村から一人も出稼ぎには出さない」ことを決意し、そのために様々な政策を打ち出し実行実現していく。村を通過していくだけの汽車は村のためにはならぬ、都会に働きに出ていくら金を持ち帰っても村は発展しない、村人が住み続けられる村を作るのだ、これが畠山の念願だった。

簾内は畠山の強烈な支持者だった。政策実行力もさることながら、畠山の持っている詩人性にだった。「村を文学で行政する」畠山の手法に心酔していた。足繁く訪ね畠山の精神を学ぼうとしていた。村長にくっついて離れないモノ書き簾内は、村人からみれば奇妙な存在に見えたはずである。畠山はそれを嫌わず許した。己の政策を流布するには簾内の文筆活動は恰好の街宣車であった。

栗原は簾内にも畠山にもいつか会いたいと念じた。

松本昌次さんに面会の仲介を頼むと、すぐに簾内から手紙がきた。間もなく上京して来るのだが、一目見た簾内の風貌にびっくりした。思っていたより大男で二昔もまえに流行ったような背広を着ている。自分から口を開かない。それでも取り付く島を見つけて話は始まった。

「率直に言う。畠山さんの評伝を書いてもらいたい」

「よござんすよ。あの人には秋田書房を作って以来世話になっているし、人柄も来し方も承知している。書きますよ」

これで所期の用件はすんだのだが、白鳥邦夫や小原麗子の話が出て、しばらく話し込んだ。機会があればそういう土着の文学者にも会おうと約束して別れた。会話がゆっくりなのでまだるっこしい。しばらくして手紙がきた。

前略。畠山義郎氏の聞き書き『戦後精神史覚書』（仮題）四〇〇字原稿用紙で二五〇枚程度を書きたいと思っております。来週いっぱいかけて冒頭から手直しに取りかかりたいと思っておりますが、どの程度に文章がブラッシュアップできるか、精確を期すことができるか、そうした意味でこの手直しの手入れが最も苦しいです。本当は活字になってからゲラ刷の段階で手入れが出来るといいのですが、これが出版社によっては手間がかかるということか敬遠される場合がありますので、可能な限り原稿段階で手入れしたいと存じております。

この本のジャンルはたぶん「歴史」もしくは「ルポ」というジャンルになるだろうと思いますが、自分としては「ルポルタージュ」のつもりでやっております。わざわざお出かけいただくご足労のことを思えば申し訳なく存じますが、七月二四日（月）～二五日（火）にお出でねがいます。栗原さんにもご多忙なご都合があろうかとは存じますが。

影書房から『宮沢賢治』が出ることもあって、松本さんたちにご挨拶がてら東京へ行こうとも考えたのですが、電話か手紙で御礼を伝えるだけで失礼しようと思い直し、東京行きはとりやめましたので、悪しからずご理解賜りたく御願い申し上げます。その分、時間を原稿に投入できますので。

同封の領収書は、畠山義郎さんのインタビューや足代に。お送りしていただいた五万円を使わせて貰った分です。畠山さんだけでなく、白鳥邦夫さんや録音作業のための助手の方など、何人かの方たちにも参加していただいたので、少しばかり高く付きました。

それでは七月二四日〜二五日にお会いいたしたく存じます。ご足労をおかけいたしますこと呉々も恐縮に存じます。取り急ぎ要用のみにて失礼申し上げます。ありがとう存じました。不一

七月一三日　　簾内敬司拝

簾内はすぐ仕事にとりかかったのだ。栗原はこの手紙にあるように夏の盛りに、妻を助手席に乗せて秋田に走り原稿の細部について意見交換した。懐の寂しい簾内なのにどこからか仕入れてきた魚を自ら料理し振舞ってくれた。近所に住む活動家小坂球実さんがかけつけ、お相伴してくれた。

原稿は秋口になって脱稿し『日本北緯四十度——戦後精神のかたち』となって上梓された。これはかつて先代押田が創刊した「常民叢書」の部類にはいるもので栗原は一人悦に入ったが社内では理解する者は少なかった。

その後も簾内との連絡は頻繁であり宮沢賢治、菅江真澄などいくつも提案を受けた。簾内

は貧しかった。作品が売れ印税が入ることも大事なことだった。それに応えられなかったため、岩波書店などを口説いてきてそこで出版するようになった。それでも親交は続いて暮れになると「年越しの餅が食いてえ」などと電話してきた。簾内らしい小遣いの催促だ。哀愁ただよう簾内のおねだりを栗原は断ることが出来なかった。その甲斐性のなさは誰も憎めなかった。雪深い山間にいても社会性を失わなかった作家だったと思う。表裏で教えられることの多かった簾内だが、二〇一六年七月、北緯四〇度の山間に生き終えた。

戦後は闘いである――内山秀夫

G・ジョーンズの『イギリス多国籍銀行史』(編集担当谷口京延)、O・チェックランドの『イザベラ・バード 旅の生涯』(編集担当奥田のぞみ)などで厄介をかけてきた慶應義塾大学の玉置紀夫さんは、ヨーロッパ金融史のことから相談にのってもらうことになった。ジョーンズとも親しい間柄で、彼の大著の翻訳を引き受けてもらえそうだったのに、研究会内部の忖度でそれは叶わぬことになった。その後、イギリスで親交のあったチェックランドさんの原稿やその翻訳者のことで世話をかけることになった。『イザベラ・バード……』の翻訳には川勝貴美さんを推薦してくれた。後に静岡県知事になる川勝平太さんの家族である。また、ニッカウヰスキーの創始者竹鶴政孝とその妻の物語『リタとウイスキー』(編集担当新井由紀子)の翻訳では、商学部の和気洋子さんを説得してくれた。そんなことで慶應義塾に通う日が多かった。

玉置紀夫さんは世話好きな人だ。そんな玉置さんが、ある日、「あなたに気の合いそうな人を紹介する」といって法学部の内山秀夫さんに引き合わせてくれた。「気の合いそう」とは玉置さんにどんな思惑があったか知らないが、商学部の喫茶室でご当人と面会した。

内山さんは政治学者だから政治系の話をしなければいけないかと思ったが、そんな心配はいらなかった。いきなり「今の大学はダメだ」と現在の大学の在り方を批判し始めた。ご尤もな話だった。話しているうちに夜になってしまい帰社しようとすると「まて、いまからゼミ生とコンパだ、今の学生を知るまい。つきあっていけ」と言う。

先刻会ったばかりなのにヘンな先生。栗原は会社で入社希望のオーバードクターと面接する約束があったことをすっかり忘れて、コンパの会場に行ってしまった。内山さんはゼミ学生たちに「出版社のオヤジだ」と紹介した。

栗原は半酔いの状態で「出版は見てくれよりも苦痛である」ことを話すと、意に反して学生たちはいくつも質問してくるのだ。「儲かるのですか」「先生たちとどんな風に知り合うのですか」「月給はいいですか」と。結局爆笑ゼミコンになってしまった。

反省しきりの翌朝だったが、もう取返しはつかない。昨夜約束していた面接の女性に謝罪心が動いたか、入社希望を笑顔で認めた。これが立教の大学院を出てきた中村孝子さんだった。清水慎三回顧録や海事産業研究所のシリーズ本などに取り組んでくれたが、栗原のあの晩の対応が許せなかったのか、長く勤めてはくれずフリーの編集者となって辞めていった。

内山さんは慶應義塾の定年が間近で新潟国際情報大学の学長として赴任する予定だった。それで大学問題についての著書が欲しかったのか、まず最初に『私立の立場から』と題した大学論のエッセイを上梓した。あとは『政治と政治学のあいだ』、プシェヴォルスキーの『サステナブル・デモクラシー』、ローリー『帝国日本陸軍』、ストーリィ『超国家主義の心理と行動』を翻訳し、最後はご自身の『民族の基層』の上梓で終わっている。

新潟に赴任されてからも「キノコを食いにこい」と誘われ、内山さんの本をすべて担当した宮野とともに越後の酒を飲みにいったこともある。口は悪いが優しい気づかいをしてくれる先生だった。栗原が読めば浮き上がってしまいそうな書簡もときどきくれた。束になる来翰の中からそのいくつかを見ていただきたい。

お心のこもったお便りをいただきました。栗原さんに本を作っていただいたこと、そしてそれを世に出していただいたことに、著者冥利を思います。

「心」。それはどんなに人をよろこばせ、生きていること、生きていくことを大切に思わせるものにちがいありません。その意味で、お互いに照れながら、悪態をつき乍ら二人三脚、三人四脚の幸せを思います。歯の浮くような世辞の世界で、ひとり醒めていて、それが解らなくなる新潟の一角ではあります。……

（一九九四・五・一四）

「三人四脚」とは、内山さんの本を担当し、新潟のキノコも一緒にご馳走になった宮野芳一を指している。宮野は内山さんのそんな気持も捨てて間もなく社を去っていく。それは後に続く書簡の文面で判明する。

新潟で休みを静かに暮らしております。食事を丁寧に作り気がむけば街に「人」を眺めに出ます。気がむかなければ、樹木を見下ろす八階の部屋で興味のおもむく儘に本を手当たり次第に読みます。良い話です。

簾内さんの岩波ブックレット読みました。戦後は闘いである、そんな〈命題〉がひしひしと身に迫って眠れませんでした。『さまざまな戦後』（全三巻）に打ち続いてゆくにちがいありません。「忘れもせず、学びもせず」。能天気というよりも自堕落を思います。「人」並みであることがいかにむずかしいことか。そして「人」見付けの作業が何と甘いことか。また一つ沈思する場所ができました。暑さが残ります。御自愛祈りあげます。……

（一九九五・八・二四）

滅茶苦茶な陽気ですが、如何お過ごしですか。離れていても月に一度は『評論』がやってくるので、栗原さんの種々相が伝わってきます。新人を採用したとか、宮野君の良い後釜ができると良いなと思うことしばしばでした。当方はゆっくりではありますが、おそらく次第に衰えていっているのでしょう。体力・気力共にだいぶいかれました。

そうそう山口君のソローを出していただいて、私からも御礼申し上げます。ああいうのをぽつりぽつりと読んでいると、「読める」至福を思いますね。つまり、ひっちゃきと真面目の違いでしょうね。……

（二〇〇五・六・三〇）

ユニークなお弟子がいた。山口晃さん。石川三四郎の研究者であり翻訳者でもある。山口さんはハーディングの『ヘンリー・ソローの日々』（編集担当奥田のぞみ）と題した七五〇頁もある大著を訳してくれた。右の書簡はそのことを指している。

一週間ほどまえから、息苦しさが昂じて、こうやって段々生きてゆけなくなるのかと思っていました。流入酸素量をふやし、睡眠時も吸入を続けることで、何とかしのいでおりますが、矢張り不安は残ります。つまり、気・体力ががっくんと落ち込んで了っているのです。しょうがないんですね。ジョン・マキ博士の「日本ミリタリズム」が大まかに出来ているのですが、それをきっちり詰め切るにはまだ時間がかかりそうです。とまれよろしくお願い致します。……

（二〇〇五・一〇・一二）

※ジョン・マキはケネス・W・コールグローブのこと。「紀要」抜き刷りが同封されていた。

狂乱の夏に崩された体調いまだ恢復せず、辛うじて読むのを続けております。そんな中で、いつもながら醜い争いを重ねる人たちの所行をじっと見ておりました。そしてまた、権力らによって善い社会はやはりできないことがはっきりしました。

友人たちの声が段々きこえなくなります。そっとそっといろんなことを思って生きていたい。暖かい日差しにぬくもった部屋でそんなことを思ったりします。……

（二〇〇八・一・一）

『日本の経済思想』について小野修三君が一書書けると思います。機会を与えてやって下さいませんか。

このところ少し脳がやられどうもかちんとしません。まあ、我慢をしてゆくしかないと思うのですがね。『魯迅の政治思想』出たら送って下さい。とに角びっくりする程の生産量ですね。けれども、書籍出版の見栄でもギリギリに生きて立つ姿が見えてきます。
そうそう、シュミ的平和主義の完遂とびっこ《（ママ）》平和主義の完遂との双極ですね。むずかしくて政治はばらばらになりそうです。しかし、それを一点にしぼり切って、今日もまた何とか生き抜くのです。……（※意味が分からず苦心した）　（二〇〇八・二・二二）

これが最後の手紙である。「日本の経済思想」とは、この頃始まったシリーズでその著者のことを心配しているのだ。内山さんは心許ない栗原の経営をはらはらしながら見守ってくれていたのだ。たどたどしい文字の中にそれを感じる。内山さんは二〇〇八年四月に没した。変な出会いで始まった二人の時間だったが、最後まで心温まる交歓の日々であった。雨降る葬式の日、内山さんと色濃くつき合った宮野芳一の不在を惜しんだ。

内山さんを慕う教え子たちは二〇一五年に遺稿集を編んだ。『いのちの民主主義を求めて』（五二〇頁、影書房）と題されていた。

内山さんが没してから一〇年以上が経っていたある日、宮野芳一と栗原は御茶の水で飲んでいた。内山さんのことが話題になった。遺稿集を送った。宮野はすぐさま読後の感懐を書いてきた。栗原への私信である。

懐想——内山秀夫先生

宮野芳一（二〇二〇・一・二五）

内山秀夫先生の遺稿集を読んだ。先生が亡くなられたのは二〇〇八年、七八歳のときであり、本遺稿集は六年をかけて二〇一五年に刊行された。出版は影書房（松本昌次社長）――私はてっきり日本経済評論社からと思っていた――で、本はつい先日栗原さんからいただいた。先生がお亡くなりになったとき、私は日本経済評論社を退社していて葬儀にも遺稿集の編纂にも関われなかった。退職に際しては「また一つの橋頭堡がなくなった」と格別なお手紙をいただいた。それなのに私は新聞紙上の訃報も知らずにいてしばらくは蟠っていた記憶がある。

五〇〇頁を越す大冊ながら集中して読めたのは先生の思想（視座、展開、文章そして気配り）に納得し共鳴し教えられることが多かったからだ。それは私が先生の本を編集していたときに感じていた畏敬の念を改めて思いおこさせることでもあった。刊行委員会（メンバーは先生の門下生）が「はしがき」で本書についての経緯や構成を明記し、先生の学者・研究者としての特徴（特長）を纏められている。また、同書の末尾に添付してあった谷藤悦史（早大）氏が「読書人」に寄せた心の籠った感想文がある。

先生の学問的分野に関する私の感想はほどほどにして、おつき合いいただいた見聞からの想い、内山像を綴っておきたい。私が先生を存じ上げるようになったのは、慶應義塾大学から新潟国際情報大学へ、初代の学長として請われてお勤めになった頃のことで、それは日本経済評論社が先生の本を出版し始めたときでもあった。

編集の合間にお誘いいただいた酒席（土橋のバーは先生のお気に入りだった）での諸々のお話は程よい酔い心地とともに心に沁みるものだった。私が不正確ながら思い考えていることを口に滑らせると、個人のあり方（選択）などとともに政治に関わりながら説いていただいたりした。

先生は一五歳で敗戦を迎え、軍国少年が何もない焼野原に放り出され——松本さんは一八歳で更に戸惑いを深くした、とおっしゃっていた——「指針をなくした青年」は無目的・無頼な学生時代を経て、「遅蒔きにして、法科に編入学し」政治学の道に就くことになる。解らない人生を（だからこそ）大事にする、その重みを実感できるまでじたばたしない。時代の異なるとはいえ性急に先を求めてきた私とは違って、なにか、〝覚悟〟の中身を識らされるような青年期だ。

先生のそのような経験が根底にあるのかどうかは判らないけれど、内山政治学の神髄は生（と死）に繋がっている、と私は思っている。人間社会における個々人の生と死に与《あずか》るのが政治なのだ。本遺稿集でも随所に掲載されているが憲法、民主主義、国家（政府）などは生きたものとしてわれわれの生活の中にあらねばならない。「悲しむ人がふえるのは政治がわるいから」なのだ。戦争を始めるのも、実体のはっきりしない「国家」によって引き起こされたのではなく、「政府」によって始められたものなのだ。そこには政府を構成する何者かたちがいて、如何なる思惑で国家・国民を誘導しようとしたのかの理由が存在するに違いない。「国益」と言うけれど実際は「政府（とそれを支える大企業などの）益」なのであり、それは資本主義経済の国に共通したことだ。

政府に対抗する、いや、政府を人びと国民のものたらしめるためには、われわれの自律がなければならない。先生は福澤諭吉の研究者でもあってよく「私立」（私が担当した書籍にも『私立の立場から』と題したものがある）という言葉をお遣いになっていた。「自分以外によって立つものなし」の謂いであるが、お酒を遣りながらだったか、「消費生活という網に搦めとられた〝生活政策〟に負けてしまった」からにほかならない。

民主主義について、「あれは敗戦の結果であり、日本には固有の価値観がある。アメリカに押しつけられたもの」ということをいまだに主張・口外する人がいるが、その中身を吟味しないのは何故か。表面上は賛意をみせながらも実際面では背を向けるのは何故か。それも先の「私立」が成らないことと関連があるだろう。「私立」が成ってこそ他者への眼が開かれ、自立と共存の意味が深まるというものだ。「他の人びとの一部である限りにおいて個人」（黒人活動家メアリー・フォレット）なのだ。

憲法問題も上の民主主義と同じくらい先生の著書には登場する。これもまた、押しつけられた「異物」として排斥しようとする輩が後をたたない。「押しつけ」というならば、いまわれわれは様々なことが見え隠れしてアメリカから押しつけられている。沖縄の基地をはじめ、増強する軍備、農産物の輸入などはアメリカからの押しつけ（それに便乗する政府）であることを識らない人はいない。自由、平等、平和に基づく人間尊重の思想のどこが気に入らないというのだろうか。それは世界の理想像なのだ。歪んでいる現実をこそ憲法の理念に近づけるべく各国の政府はつとめなければならないのだ。〝不戦条約〟が戦争放棄を人類の理想として謳い六三ヵ国もの賛同を得たのは百年ほども前、一九二八年のことだった。

印象に残る話に〝青年〟、就中、大学生に対する先生の想いがあった。「歩く後ろ姿に覇気がない、貧弱。肩肘張った若気がない」。先に記した消費社会に青年までもが取り込まれてしまったからだろうか。良い意味での学生の特権を自ら放棄してしまった。「授業はやりにくいですか？」「興味、関心事をどうやって気づかせるか、呼び覚ましてゆけるか……」。問題の根は深く政治はもちろん、地域社会、家庭環境などとの関連が今日の青年を育てたのだ。二〇年以上も前のことだ。

生活と密着した政治を主張する先生は、いま、非正規の労働者が溢れ、真っ当な生活を望みえないという青年・若者の急増を識れば何と思われるだろうか。確かに法を改悪した政府（政治）に悪の根源があるのだが、有名無実と化した労働組合、牙を抜かれたマスコミ・ジャーナリズム、弱者・少数者に寄り添えない孤立した社会と市民……。「非正規、長時間、細分化、単純化労働に加え、責任の所在なさ、言語の貧弱さ・曖昧さなどが蔓延すると、人間は自ら考えることを止めて、家族は崩壊し社会は活力を失い、知らず知らずのうちに体制に従属してゆく」（要約『笑顔のファシズム』）という。

〝責任〟といえば、あの二〇〇〇万人ともいわれる犠牲者を出した戦争に関し誰も責任をとることなしに、敗戦国民は誰に責任をとらせることもできずに、天皇制は――男尊女卑、家父長制、非個人主義を潜在させながら――存続し、国体を変ずることもなく、日本は経済発展のみに注力していった。先生は、本来「国名というものは政治体制を明示するもので、立憲君主、共和制、王制、〇〇民主制などと呼称する」のが一般的ながら、「日本国」では正体不明と言わざるを得ない、と書いている。

終わりに、私的な想いを記しておきたい。先生が新潟に居らしている間に一度お立ち寄りする約束をした。どこか新潟の山を登った後にお訪ねしようということだった。山の花の写真で一杯やりながら、新しい大学のこと、先生の新潟観も伺いたかったが、それも叶わぬままになってしまった。静かだけれど情と熱が伝わってくる先生の謦咳が偲ばれます。

宮野は内山さんと、栗原とは質の違うつきあいをしていたのだ。羨ましい。

大学は学校屋ではない——川口弘

一九九八年七月、わが社を草創期から導いてくれた中央大学の川口弘さんが亡くなった。八四年の生涯だった。一九七〇年当時、金融界には効率化行政が強引に進められており、小規模な金融機関＝信用金庫や信用組合はその存立さえも危うくなっていた。川口さんは金融制度調査会の委員で、地域金融機関の必要性を強く主張しておられ、それらの統合合併には強く反対していた。業界は効率化行政を恐れ川口理論の下、強い団結を示していた。信用金庫の有用性を説いた本も作り、よく売れ、出発間もないわが社に希望をもたらした。

川口さんの本は何冊か作ったが、中でも『ポスト・ケインジアン叢書』を構想しわが社に残してくれたことは大きい。このシリーズは今も継続し三九巻をかぞえている看板シリーズでもある。川口さんは中央大学の学長にも就かれ『大学の社会的使命』という大学論の名著も残された。

「……現実的であるということは、現実に安易に妥協することではない。現実と理想のギャップを冷静に認識したうえで、現実の諸条件の中で半歩でも理想に近づく道を探り着実に前進しようと努める姿勢をもつことだ。大学は、利潤の最大化を自己目的とする企業＝学校屋ではない。人類と社会の幸福と発展のための理想を掲げるのが大学である。理想なき大学はもはや大学ではない」

先生の珠玉の言葉だ。

栗原にとっては近づきがたい先生であった。年始の挨拶に逗子のお宅に伺ったこともある。酒は出ずケーキが出てきた。チョコレートを舐めながらの「おめでとう」はなんとも奇妙であった。来し方を振り返るとき川口さんの支援なしにこの会社の船出はなかったのだと思い知る。

お弟子の緒方俊雄さんが先生の思い出を語ってくれた。

私の大学院時代には先生は主としてポスト・ケインズ派経済学を基礎に経済の貨幣的不均衡を解明するという課題を追究しておりました。先生は、日本経済評論社の社長（押田）と宮野芳一氏、そして私を学士会館に集め、「ポスト・ケインズ派経済学研究会」を組織し、その研究成果を叢書として刊行するようにご提案になりました。この叢書の刊行が軌道に乗るまで甚大な努力をされました。……

……大学の研究・教育者としての先生の多数の論考を『大学の社会的使命』として編集

の宮野芳一さんと一緒にまとめるお手伝いをさせていただきました。……私は大学問題に直面するときには何時でもそれを引き出して、川口先生でしたらこの問題をどのように考えるだろうかと推測しております。(『評論』110号)

川口さんを「偲ぶ会」は中央大学駿河台記念館で多くの研究者を集めて開かれた。信金・信組の重役の顔も見られ目を惹いた。全国信用金庫協会におられた千葉忠夫さんが参列しておられ、「かつての恩を思い、こういう会はキミ等が企画すべきではなかったか」と叱られた。栗原は、川口さんが青年の頃日銀マンを前にレクチャーしたといわれる名著『ケインズ経済学研究』を復刊して墓標とした。

山口和雄と伊牟田メモ

『近代日本商品流通史資料』をつくっている頃、山口和雄先生は明治大学の経営学部におられた。明治では比較的新しい学部だったので山口先生の存在は内外に光って見えた。この資料集は谷口の担当で各地の統計資料を探し集めながら研究会メンバーは親切にお知恵をかしてくれた。山口先生を信頼するお弟子ばかりだったので、息があっていた。「商品流通史研究会」と名付けられたこの会は山口先生を中心に石井寛治、西村はつ、林玲子、田付茉莉子、伊牟田敏充さんなどがおり、なかでも高村直助、杉山和雄、石井寛治さんには後々何十年もお世話になる出会いとなった。研究会は谷口まかせだったが、山口研究室にはよく訪ねて行き、常民研のことや統計の読み方の難しさなど、あれこれを聞かせてもらった。せっせと通ったお陰で学部の資料センターの職員や教授とも親しくなり資料集や出版物を大量に買ってもらった。

先生からうかがった話は、他の大学研究室を訪問するときとても役にたった。お弟子の研究の「いいところ」や人柄についても話してくれた。優しい眸で静かな話っぷりなのだが、その声をきいているだけで、なんだかすごく勉強になった気がした。ご自宅を訪ねたとき奥方が淹れてくれたお茶の香りにも恐れ入った。何の用事で行ったたか、どうしても思い出せない。「学者が人を導く」という雰囲気を最初に感じた先生だった。本屋として金のことばかり考えていた時期に、こんな人と交われるなら、出版の世界にとどまってもいいと思わせた老学者でもある。杉山忠平さん、杉原四郎さんと出会うずっと以前の巨峰だ。先生は二〇〇〇年五月に亡くなられた。葬儀に行く朝、女房が「わたしも行く」と急に言う。苦しかった亭主に優しくしてくれた、見たこともない先生を見送りたかったのだろう。会場には入りきれない参列者が庭にあふれていた。石井寛治さんが葬儀委員長をつとめ、林健久さんは寒風に襟を立て、武田晴人さんが駐車場で笛を吹いていていた。

山口先生の死は栗原には一つの時代の終わりを思わせることであった。心の頼りにしていた古い先生が次々に教壇を去り、川口弘さんも、杉山忠平さんも亡くなり、森静朗さんも病に倒れていた。

山口先生のご一統で、こんな奇妙なことを伝授してくれた人はほかにいない。

法政大学におられた伊牟田敏充さんは、なぜか栗原を捕まえては「世間」を教えてくれる人だった。伊牟田さんは満洲からの引揚げ体験のある苦学生で、長じてからは勤労学生の支援や平和運動に挺身した。谷山花猿という俳号を持ち、その筋の賞も貰った文人でもあった。若者や貧乏人に対する目配りが優しい。

『商品流通史資料』の仕事をしていた頃だ。通産省での会議の帰りだとかいって若いご婦人を何人も連れて居酒屋で気炎をあげている伊牟田さんにでくわした。機嫌の悪い伊牟田さんを知らない。連れのご婦人をそっちのけで「キミは学者の世界を知らなすぎる。今度研究室においで」と言ってくれた。他日、生協食堂のテーブルに座ってこんな講釈をしてくれた。それは言ってみれば「学界相関図」だ。このメモに日付のないのが惜しい。

一目瞭然、経済史、経営史の現在を彩る人々をこと細かに解説してくれた。自らペンをとりポッケから取り出した紙片に解説付きで描いてくれた。山口先生と安藤良雄先生とのお弟子の「距離」である。お二人を「山口組」「安藤組」と表現してヤクザの抗争を思わせる解説

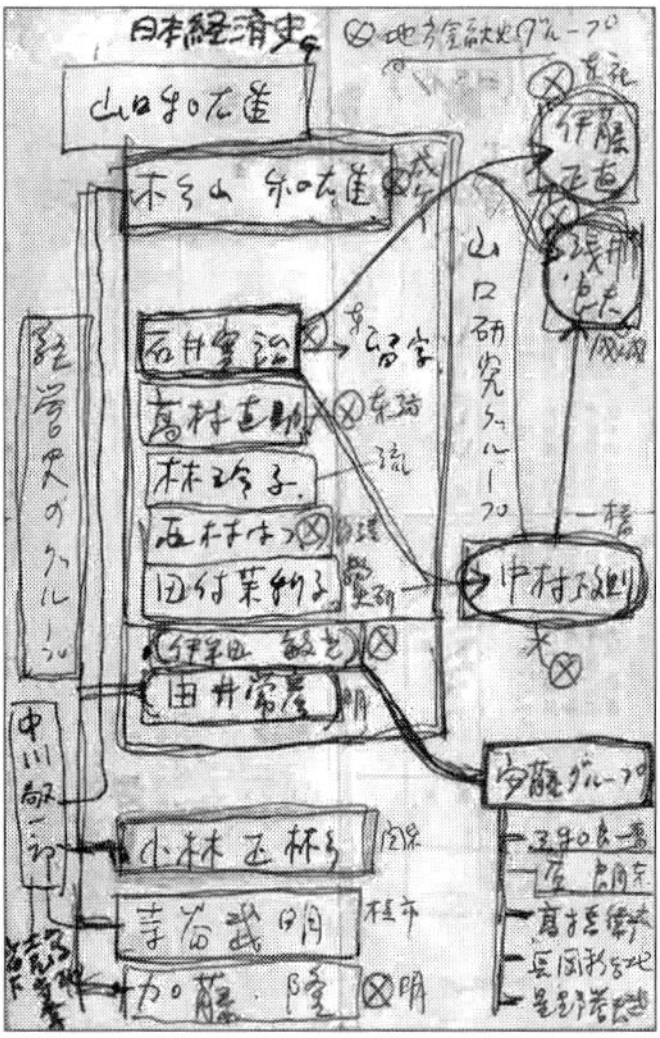

伊牟田さんによる「学会相関図」

だった。この人はあの人に惚れていたのに誰それに鞍替えした、とか青春物語も交えての話だった。学問の世界にも血統や系列のあることを初めて知り、営業に行った先々でとても役に立った。その頃は予想もしなかったが、このペーパーに記されている人でわが社を版元としてくれた研究者が一四人もいる。この紙片は何年も持ち歩いて該当者に会う時はこれを覗いた。

場面は違うがこれと似たような関係図を解説してくれた人もいた。栗原がせがんだのかも知れない。ケインズ経済学研究者の世界は一橋の院生に、農業経済学では木村伸夫さんに講義してもらった。こんな学会の世俗的知識が本屋には役立つことが多かった。その中でも伊牟田さんのペーパーは栗原に印象深く、学者を見る目を広くしてくれた秘密のお守りになった。

出版は虚業か

会社を預かってから二〇年が過ぎた。苦境は長かったようにも思えるが、過ぎてしまえば苦でもない。だが、ここが到達点であるわけはない。世間を騒がせたベストセラーを出したわけではないが、著者となってくれた殆んどの研究者は、元気にご自身の課題に取り組んでいる。われわれも辛うじて三度の飯が食える日々を迎えることができた。

ことさらに褒められる本が作れなくても、われらに関わる著者、業者が平穏であることが第一だ。本は平和の中でつくられるのがいい。

売れないことに自信なくして、酒など飲んで誤魔化すな。これから出会う何人もの大切な人との対話を無駄にしてはいけない。本作りの喜び、楽しさを、著者との出会いの中で起こる摩擦や擦過、打撲に正面から向かい合い、その摩擦を力に替えていかねばならない。恐れることはない。

課題を持たずに人間の成長などあるわけがない。その解きがたい課題に挑戦するためにも日々の稼ぎは大事だ。稼ぐことに加えて「共に生きる」意味を考えることこそが出版に生きる者にとっては不可欠なのだ。世間から「いらない」と言われても怖じることはない。自信を持て。必要とする人は必ず存在する。「抱き締めたくなる本」、「側におきたい本」「心が浮き立つ本」を作りたい。出版を虚業にしてはならない。出版の世界にいる限り避けられぬ望みを抱いたまま、未完の還暦を超えようとしていた。間もなく二〇世紀が終わる。

五、新世紀なれど——二〇〇〇年代

世紀明けの「アメリカ」炎上

人々の悩みなどに容赦なく地球は回る。二一世紀が明けた。

二〇〇一年九月一一日、ニューヨークの世界貿易センタービルがアルカイダによって攻撃爆破された。三千人近くの死者と多数の怪我人をだし、世界を震撼させた。あの晩もほろ酔いで帰宅し晩酌を始めようとしている時だった。NHKのニュースはほかの情報を断って緊急の画面に替えた。大型旅客機がビルに突入する場面だった。たぶん、二機目の突入だったろう。普段は、株が上がろうと、イギリス皇室がどんなスキャンダルを起こそうとあまり関心をもたない栗原だが、この時は「アメリカ合衆国」が爆撃されていると思い緊張した。

アメリカは敗戦を知らぬ国だ。自国が内戦以外で戦場となったこともない〝豊かな国〟だ。

民主主義の〝先進国〟だと自負している。そして「平和の監視塔だ」「世界の警察だ」と自称し、西に争いがあれば行って自国が得する方に加担し、南に飢えた人あればパンを与えて手なづけ、いつも正義を主張し笑っている。そんな国だ。

九・一一以後、報復に燃えたアメリカはアフガニスタンへの攻撃を強め、あのテロ事件以上のアメリカ青年を犠牲にし、その何倍もの地元民を殺害した。その後のイラク爆撃も腹いせの乱暴としか思えない。アメリカの音頭に乗って、日本を含めた西側は、それらを「悪の枢軸国」と言ったが、あのような断定といじめは国際社会が手を携えて行うことではない。

世紀明けにこんな事件が起こって、識者は「不幸な世紀」の幕開けを予言した。そんなことあるもんか。明治維新の混乱も、「大東亜戦争」時の誤謬もわれわれは克服しようとしてきたではないか。人は生きてきたのだ。未来に対する絶望的予言は警告とは違う。時として冒瀆となる。人々が不安を感じたとき希望を語るのが歴史家ではないのか。

また識者は言う。「歴史に学べば人類は戦争を避けられる」と。これもウソっぽい。「学ぶ」主体が抽象なのだ。それとも誰も学んでいないのか。神代の昔から今日まで戦争のなかった時代があっただろうか。諦観で言うのではない。歴史を学ぶのは個々の「私」であって、他人ではない。

日本国憲法の戦争放棄条項は時代に合わぬという。そんなことあるもんか。戦を根絶やしできぬのが人類の宿業であるがゆえに〝第一頁〟に書かれていなければならない。戦争は国や政府が起こすと思っていないか。戦争の布告は確かに国家のサインが要る。しかし、戦争は一握りの権力だけで起こせるものではない。圧倒的多数の国民の支持がなければとても起こせない。「大東亜戦争」が天皇や君側の奸や軍部の意志だけでやれたろうか。後追いとはいえ、国民は訳のわからぬままに、国策に夢を託して、「仕方ねえ」という形で支持したからこそできたのだ。国家事業としての戦争には必ず固有名詞をはずした「私」も加担していたはずだ。二〇世紀は戦争の世紀であった。だからこそ、「九・一一」はこの新世紀を戦争の世紀にしてはならぬという天の叫びであったかも知れない。

靖国神社にて――脱走兵暉峻衆三

歴史書編集者の勉強会「歴史書編集者懇談会」の講師として農業経済学者暉峻衆三さんを呼んできたのは、有斐閣の池一さんだった。『日本の農業一五〇年』を上梓して間もなくだったので、農業と食糧の視点からみた日本のあり様を話してもらった。国際貢献の名のもとに軍事関与する自衛隊、それを正当化するための憲法改訂の動き、これを動かすものは世界に根をはる日本企業の動態がある。暉峻さんは帝国主義とか独占資本という言葉は使わない。本当の敵は誰かを静かに浮かび上がらせてくれる。いい話だった。落ち着いて聞ける話法と風貌だった。

暉峻さんの父君は、東大医学部を卒《お》えて細民街の研究をしていた医学者だった。貧民窟の実態調査をし、「労働科学」の創設者であった。その名は暉峻義等《ぎとう》という。その研究が高野岩三郎の目に留まり大原社会問題研究所に迎えられることになった。父の友人には西口克己や渋谷定輔など「国賊的」な研究者がいた。暉峻さんは父のところに出入りするそういう人たちを見ながら育った。幼少期から反天皇制の空気に接していたのだ。だから「軍国少年」として育ったわけではない。当時から「反社会的勢力」と見られた暉峻さんまでも日本帝国は召集した。原爆投下直後の広島に配属され、被爆者と一ヵ月近く同居生活を送るが、耐えられなかった。同志と謀り、司令部もなくなった帝国陸軍から脱走し成功する。脱走の手法や経路は聞いたことはないが寂しそうに話すのだ。規律を破った「脱走」よりも「被爆者を置いてきぼり」にして「逃亡」したことが一生心の傷になっているという。

戦後六〇年と日露戦争勝利一〇〇年に当たる二〇〇五年のお盆、金原左門さんから暑気払いに一杯やろうと誘いの電話があった。この時、暉峻さんは金原さんの師であることを思い出し、誘いだしてもらった。八月一五日、敗戦記念の日である。待ち合わせは、お二人とも縁はなさそうな靖国神社を提案した。気が進まなそうな声だったが、鳥居の前で待ち合わせた。

「私がお誘いしなければ、お二人ともこんなところに来ないでしょ」

「あたり前だ」

と金原さん。少し怒っている。金原さんは平和や民主主義を論じてきた人だ。

栗原は反戦平和を口にする人々が靖国神社を忌避していることは知っている。でも、ここに眠る人たちは「御国のために死んだ」と国家に無理強いされて合祀されているにすぎない。死者は国家に拉致され、ここに眠らされているのだ。島倉千代子は「桜の下で　さぞかし待つだろおっ母さん　逢ったら泣くでしょ　兄さんも」と唄う。この「兄さん」は百姓、庶民の「兵隊さん」なのだ。この一兵卒がどんな神様になって、どんな扱いをされているのか、平和論者が見ておいて悪くないはずだ。栗原は意地悪で二人をお誘いしたのではない。

境内でのお二人は、さすがに正殿参拝はしなかった。庭に並べられた大砲を除けながら軍事博物館「遊就館」に直行した。戊辰戦争から「大東亜戦争」までの勝利の画像と「勇者」のブロマイドが展示されている。夏休みの子どもたちは戦闘画や動画に目を輝かせている。アベックの青年男女も白髪の老爺もだ。不快な面相をしている人は少ない。精神まで戦前に戻す演出はただものではない。ここに来て「日本帝国主義は〜」とニホンに対して憎悪の念を湧きあげる人がいるだろうか。靖国に来て、この帝国軍隊を讃える聖域で、子どもたちに反戦を教えるのは、むずかしい。華々しく映される、ご先祖「日本軍」勝利の場面に欠伸している子はいなかった。

最も人だかりしているのは日露戦争コーナーだった。旅順港閉塞作戦で武名をあげた広瀬中佐は大画面で「杉野はいずこ〜っ　杉野はいずや〜っ」と絶叫していた。乃木大将の人気もすごい。後で気づくのだが、館内に大音響で流されているBGM『水師営の会見』に合わせて自分も口遊《くちずさ》んでいたことだった。子供の頃、母の夜なべを手伝いながら覚えた歌が、半世紀以上経っても湧き出してきたのだ。赤面したが教えた母を恨みはしない。

出口で暉峻さんを待つ。さっさと見終わった金原さん、それに比べて少し丁寧に見た栗原。暉峻さんはまだ出て来ない。一時間も遅れて漸く姿をあらわした。手には売店で買ったらしい図録をいくつも抱えている。眼もうるんでいるように見えた。それに気づき、栗原は見てはならないものを見たような感覚にとらわれ、俯いた。被爆者とともに過ごした敗戦直後の日々を知る暉峻さん。深い心の傷に触ってしまったか。九段坂を下って神保町の飲み屋に寄ったが、暉峻さんは終始無言だった。金原さんも燥《はしゃ》げない。どんな図録を買ってきたのかも聞けなかった。

マルクス主義者を靖国へ、悪いことをしたとは思わなかったが、何だか重っ苦しくなった敗戦記念の夜だった。数日後暉峻さんからハガキがきた。「本当に思い出に残る一日でした」と。その思い出の何たるかは未だに聞いていない。

「生きてるうちに北京においで」――母親《ママさん》留学生林燕平《リンヤンピン》とその娘

文化大革命とそれに続いた天安門事件の時代を、青春期として送った一人の中国人女性がいる。迂闊にもよく承知していなかったのだが、あの十数年の混乱は学校も閉鎖し、学習などしていられる状態ではなかったと言う。比較にならないかもしれないが、日本でも学園紛争の時は、まともに勉強などしている教室はほとんどなかったから、若干の連想はできる。その中国女性林燕平さんもロクな勉強もできないまま、一九八〇年代の終わり頃に東京大学に留学した。すでに三〇代の半ばであった。

毛沢東の死や四人組事件などの後を受けた鄧小平の「中国経済を近代化し、わが人民を世界の前列に立たせる」との政策に呼応してのことだった。東京に知り合いはいない。保証人は中国で知り合った日本の旅行者。チャッカリもしている。最初に住みついたのは京王線つつじヶ丘の一軒家。夜帰って来ると床一面にゴキブリが徘徊しているような小屋だったと言う。水洗もなく風呂もない。聞いているだけでもおそろしそうなねぐら。心配になって中国から夫が幼い娘を連れて見に来たが、援助する金もない。「貴方だけで頑張って」と言い残して帰っていったという。そんなこんなの悲惨を乗り越えているうちに、彼女の才と決意を見込んだ少し金持ちの日本人が次々と現れ、シャワーもあり給湯器もある部屋を提供したり、学業の環境を整えてくれたりと、彼女は幸運を引き寄せた。リンさんは猛勉強し博士論文も書き上げた。日本に来て一〇年以上が経っていた。その論文を下敷きにして日本経済評論社から本を出版した。『中国の地域間所得格差の研究』(二〇〇一年)四千円もする厚い本だ。天安門事件の背後には、この所得の不平等という問題が大きく横たわっている。所得格差は今も中国の大問題だ。この本は、中国の動向を注視する日本の研究者に評価され、初版はすぐ品切となった。

学成り、リンさんは中国社会科学院に呼び戻された。

母親留学生の林燕平さんと娘の汎ちゃん

帰国に際し、「私を育ててくれた日本の皆さんにお礼を申し上げたい」とリンさん。出版の祝いと帰国送別祝いを兼ねて国際文化会館に一〇〇人以上もの識者が集まってくれた。その夜のリンさんの挨拶の一節。「国交だ、国際交流だと声高に言う必要はない。私とあなた方一人ひとりが理解しあえば、中日両国の友好は盛んになるでしょう。長い間のご支援に感謝します」と。いい会だった。こう紹介しただけでは勿体ない。その夜の挨拶の大意を紹介する。やや長いし用語、文法に難はあるがおつき合い下さい。

「お別れにあたって」　林燕平

……学問的にも至らぬ私に、このように盛大な出版祝賀の会を催していただき、心から嬉しく、同時に晴れがましくも思っております。

思えば私は、一二歳で文化大革命を経験し、二四歳で大学、三六歳で大学院入学という、人より後咲きの出発で、いわば私の学問は学校からの出発ではなく、社会からの出発であったといえましょう。でも、考えてみれば、どのような学問にせよ芸術にせよ、すべてが人間の手技によって成り立っています。私が追い求めてきた「中国の地域間所得格差」の問題についても、また、そこにかかわってくる産業構造や人口、教育といった三つの要素についても、同じことが言えます。つまり国家の経済成長は社会における人間成長と非常に似ていると思います。そこには、人間の一人ひとりが、それぞれの差異をもちながら、そしてしかも複雑に絡み合って存在していますが、それらの基底にあるものは、遺伝であるとか、教育であるとか、その他の社会や家庭の環境といったものでしょう。これを人間成長のプロセスとみますと、経済成長もそれと同じようにとらえることができると思います。

つまり、経済成長は成長するということにおいて、それは生産というプロセスの中から生じる産業構造、そして、それらが相関的なかかわりの中で、不可分に存在しているからと考えることができます。

このように考えますと、中国の経済成長の中に現れた地域間所得格差の問題も、決して経済上の問題だけでなく、その背景にある約四千年の歴史や、九六〇万平方キロにも及ぶ広大な国土、そしてそこに生存する五六の民族からなる一三億の人間が形成している社会の中で、それらが相乗的にかかわり、展開されてきたものといえるでしょう。

このように、社会科学の基本となるものは、やはり、こうした人間社会の相対的なかかわりを視野に含め、それを理解することだと思います。このことは決して教室で学んだ理論だけでは到達できないと思うのは私だけでしょうか。

たとえば、ある人がある場所に行こうとする時に、電車で行くのか、または歩いていくのか、この選択は決して時間とか、お金の問題だけではありません。そこにはその人なりの社会とのかかわり、つまり社会背景があります。これだけだと少しお判りいただけないかと思いますので、私の経験を少しお話したいと思います。

私が最初に日本に来たとき、電車賃が高いので歩いて学校に行ったことがあります。今考えますと、なんとバカげたことと思います。その時は日本にきたばかりの時で、私の行動を支える判断基準となる背景は、中国の社会だったのです。当時、中国では、アルバイトができませんでした。したがって、お金を得るということは、お金を節約するという手段とつながっていたのです。だから、当時の私は何のためらいもなく歩くという選択肢を選んだのです。

この例を通じて申し上げたいことは、社会科学の分野における研究者が人間社会の考察にあたって、つねに表にあらわれた面だけではなく、その裏にあるものを考慮にいれたうえで、表・裏の相関関係を追究しなければならないということなのです。

二一世紀において人類は、これまでと全く違った価値観への転換が求められています。人間社会の構造的な解明をするために、社会科学の分野の背負う課題は大きなものがあります。われわれその分野に携わる者にとって、現今では判らぬことがあまりにも多くあります。今回無事に出版の運びになった私の本の中でも、書けば書くほど疑問点も多く発生します。それでも、私には後に戻ることは許されません。それをひとつひとつ乗り越えてゆくより私には方法はないのです。

省みれば一四年前、何の目的も持たず、ただ自分の目で資本主義社会の実情を見たいとの好奇心をひとつだけ背負い、日本にやってきた私にとって、日本での生活は学業を含めすべてが零からの出発でした。そのような私が、今日まで歩んでこられたのも皆さまのご支援のおかげとしか言いようがありません。

今は亡き鬼塚先生をはじめ、私をここまで育てて下さった諸先生方、そしてアジア教育文化交流協会や富士ゼロックス・小林節太郎記念基金、神林奨学生財団の皆さま、あるいは学内、学外の皆さまに私の感謝の気持をどう伝えればよいのか、心から困惑しております。

折しも本年は日中友好三十周年にあたります。このことに思いを致すことは、とても大切なことに違いありません。しかし、それよりも大切なことは、つねに日中の人々のそれぞれが人間同士としてお互いの気持を語り合うことだと思います。なぜならば、国家はどこまでも抽象的な概念であり、一人ひとりの人間は、具体的な内容であるからです。そして、これを起点として出発することが、社会科学の根本的視点にならなければならないと私は確信しております。

人間と人間とのかかわりは、理屈を抜いたもの、しかもそこには深い洞察と智恵がなければなりません。

言葉もほとんど通ぜず、一人の友とてなかった私が、こうしてこんなにも多くの日本の方々と交歓できることのすばらしさは、決して言葉だけのものではありません。お互いに誠実に生きようとする人間一人ひとりの真摯な気持が通じ合っているからこそだと思います。私が日本での生活の中で得たものは、こうした精神であったとしみじみ思っております。私はこの宝石を胸に抱いて、今後それを国際社会に少しずつでも還元できるように努力してまいる所存でございます。今日は、ほんとうにありがとうございました。
このような私に、このたび出版の機会を与えて下さった日立総合計画研究所、ならびに日本経済評論社の皆様に改めてお礼申し上げるとともに、私の拙い論文が公刊されることによって、多くの日本の読者に読んでいただけることが、恐ろしくもあり、無上の喜びであると思っております。ほんとうにありがとうございました。

（二〇〇二・四・一九）

参会した人々は感動した。中国に留学した日本の学生もこんなふうな挨拶をして別れてくるのだろうか。会には東大、上智大、早稲田大、明治学院大、共立女子大等の教授、日本政策投資銀行、日立製作所、三井物産、明治製菓等の財界人、裁判所や看護学校、雑誌社の人たちがきていた。
栗原とはその後も文通が続き、娘が勉強に励んでいるとか、何を見て笑ったとか、あちらの生活を伝えてきた。ある時、娘の作文がお国の教育雑誌に載ったといって嬉しそうに送ってきた。日本語訳の手伝いをしたのはどなたか承知しないが、一五歳の娘、汎《ハン》ちゃんの文章だ。この子の文章も紹介する。

「私の命はお母さんから続く」　林汎

「へその緒が頸部に二回り巻きつき、分娩後も泣かなかった。気道を確保した後、人口呼吸を経て、二分後には産声をあげた」……これは、私が生まれたときに書かれた病院のカルテである。この話が出るたびに、母は決まってこう言う。「あと一秒でも遅かったら、あなたはこの世にいなかったのよ」と。

この話は少しも誇張ではない。私は予定より一ヵ月も早くこの世に飛び出そうとしていた。そのために母はつらい手術に耐えなければならなかったが、臆することなく手術の承諾書にサインをした。その時の母の苦しみは想像する術もない。だが、私にはよくわかっている。私の命は母がくれたものなのだ、ということを。私という小さな命が生まれることの大変さをもっとも切実に理解しているのも母である。母は私を愛している、自分自身よりも。

こうしたことは、小さい頃から理解していたわけではない。母は私が三歳のときに家を離れ、断ちがたい理想を実現すべく飛び立って行った。そして、それは一〇年に及んだ。幼い頃の記憶は曖昧だが、物心つくようになってからのイメージは母より父の方がずっと鮮明である。あの頃の私は、父はなんでも私に与えることができ、母の愛さえも父が代われるものだと思っていた。父は私の好きな料理を作ってくれたし、動物園にも連れて行ってくれたし、特別な日にはほかの子供たちに決してひけをとらないほど可愛らしく着飾らせてくれた。私が困っているときは、いつもやさしく慰め守ってくれた。いつでもどこでも私は胸を張って言えた、「パパさえいれば!」。

歌(中国では誰でも知っている歌『ママさえいれば』)の歌詞がどうであろうと、私はいっこうにかまわなかった。父は自慢だったろう。愛しい娘を生涯誇りに思うことができるのだ。なぜなら、私の父に対する愛情は口先だけのものではなく、心からの、真実の愛であることは彼はよく知っているのだから。では、母はどうだったろう。母は一度も恨み言を言ったことはない。いつもただ穏やかに「ママもいいけど」と言い添えるだけだ。母は何ごとに対しても私にむりやり「うん」と言わせようとしたことはなかった。幼い頃から母親と離ればなれに暮らしている娘が父親と親しく、母親と疎遠になるのは仕方がないことと納得しているようだった。とはいえ、母はやはりなんとか愛情の不足を補おうと、帰国する度に、何日も楽しめるほどたくさんのプレゼントを買ってきた。私にとって母が帰る日は、プレゼントがもらえる日であり、母はさながらサンタクロースであった。母が家にいるときでも、私は父と一緒が好きで、出かけるときは父に手を引いてもらいたがった。飛行場で母を見送るときでさえ、私はしっかりと父の手を握り、落ち着いてさよならを言った。見送りのときに涙を流したことは一度もない。母の目に涙があふれるのを見てさえも。

以前はそれが自分の強さだと思っていた。だが、今は違う。父は今でもきめ細やかな及ばぬところのない愛をそそいでくれるが、それでも私はますます強く感じるようになった。やはり母は必要なのだと。この思いは歳とともに強まり、今では母のことがよく理解できるようになった。私に送るテープを録音するとき、何度もこらえきれずに泣き出していたことを、そしてそれを消してまた録音しなおしたわけを。週一回かけてくれた五分にも満たない「身体に気をつけて、風邪をひかないように」のたわいない言葉の重みを。締切に追われて博士論文を書いているときでも、忘れずに誕生日プレゼントを送ってくれた苦心を。……。母は私を愛している。自分自身よりもずっと。

私は母とすごす時間を大切にするようになった。母は今でも私の好きなおかずを作れるし、仲良しの名前が言えるし、必要なものを見つけ出してくれるのだ。朝ごはんにりんごを添えてくれたり、机の上から散らかった本を片付けてくれたり、なにしろ、母がいれば家の中はいつもきちんとしている。もうどこにも行って欲しくない、と心から思う。しかし、母の志を尊重しなければならないことはとっくにわかっている。母が私の選択を尊重してくれるように。

このごろ母はよく、歳をとった、思っていることの全部をやりとげることはもうできないだろう、と言う。私はこう言おう。「私の命はお母さんの続き。私が完成させてあげる。

まだ若いんだから」と。

母はまた出発しようとしている。何かしてもらいたいことはないか、と聞くので、私の髪を母が若い頃にしていた髪型に結って欲しい、と頼んだ。母はとても丁寧に結ってくれた。おそらくますます自分に似た娘を発見したに違いない。

私は自分が女の子でよかったと思う。いつか母親になることもできる。そしてもし女の子を授かったら、きっとその子にこう言えよう。「あなたの生命はお母さんの続きよ」と。

素直なハンちゃんである。立派な中国共産党員になるより、子どもに愛され慕われる母となれ。この母子は時々中国から電話をくれた。今はどこの地方に出張しているとか、共産党のお偉いさんに褒めてもらえたとか、北方中国で地域の実態調査をしているようだった。ハンちゃんは一児の母となっている。「生きているうちに中国においで」「日本文化のもと、中国を見においで」と何度も誘ってくれた。漢字も国家形成も中国を手本とした日本。孫悟空に変身し觔斗雲《きんとうん》に跨って行ってみたい衝動に駆られるが、生きてるうちは実現しそうもない。

『少女たちの戦争』――木村礎との再会

「歴史は地べたから見ろ」「権力が作った戦争の道具になるような歴史ではなく庶民の暮らし

の中に歴史を見出せ」と言い続け、軍隊卸しの編上靴を履き、学生集団を引き連れて多摩から北関東一帯の村歩きを続けていた、歴史家木村礎さんが生き終えた。明治大学から一歩も外に出なかった。生粋の明大人である。

学部学生のころ、古文書の発見と筆写を課題とする夏の合宿に参加した。合宿所は寺や村の集会所、公民館である。そこから村の古民家を訪ね、蔵や納屋に眠っている古文書を探すのだ。木村さんも屋根裏に潜り込み長持や木箱を開け、埃まみれになっていた。「史料は現地から動かすな」というのが木村さんの信条。借りだして東京で転写するようなことは許さなかった。食事は学生が当番制で作った。栗原は文書の筆写より飯当番の方が得意だった。

村に散った学生たちが夕方に帰ってくる。「今夜の晩飯は何だ」。それもこの合宿の楽しみだった。栗原は沢庵炒めとか胡瓜の味噌ころがしが得意でその腕を不思議がられた。何年か続いた合宿で栗原が覚えたものは、飯炊きと古文書の括り方、それと村の老婆の話相手くらいだった。卒業後も、木村さんはそんな栗原を気遣ってくれた。

最初に勤めた出版社を紹介してくれたのも木村さんだった。日本経済評論社を興してからは歴史本は分野外だったので、正月に酒を飲みにいくくらいの関わりになっていた。ときどき電話をくれたが、「今度八木書店からこんな本を出した」「秋には雄山閣からこんなものが出る」など本を出す前触れみたいなものだった。義理で買ったが読まずに積んであった。「木村村落史」はいつか出したいと思っていたが、学問の本についてはお声はかけてもらえなかった。学生時代の成績が良くなかった栗原は、それが引け目で原稿のおねだりなど、とてもできなかったのだ。待つしかなかった。

一五年も待っていたらやっとお声がかかった。一番弟子の高島緑雄さんの音頭とりで還暦祝いに本を作ってくれというのだ。学術書ではない、イベント本だ。もちろん不服顔はしない。それが『地方史を生きる——木村礎地方史論集』（八四年）である。還暦の会で参会者に配って、初めて日本経済評論社と木村礎のつながりを、世間に公表することが出来た。

そんなことから研究会や呑み会にも誘いがくるようになり、明大通いが繁くなった。明大は栗原が在籍していたころとはまるっきり様変わりして、記念館講堂もリバティタワーと名を変え、二十数階建てのビルになって、ホテルに入るようで、違和感があった。夕方から始まる会は終われば決まって駿河台下のそば屋「やぶ仙」か錦華公園傍の腰掛けバー「忍」あたりで呑むことになる。ほろ酔いの木村さんは「まあ、聞け」と言いながら青春談が始まるのであった。一九歳頃の女学校教師体験である。妹くらいの生徒たちと何があったか、何をしていたかである。東京大空襲に遭っているので話が生々しい。木村さんはその女学生たちと別れてからも年に一度の同窓会を開いているという。敗戦からもう四〇年以上経っている。みんな孫のいる年齢だが、独身の人も結構いて、あの戦争が落とした翳の深さを感じさせるものだった。

ある日、そんな少女たちの戦争体験をまとめてみたいと言い出した。木村さんは村の古文書を見つめて田んぼや里山の中を歩き回っている人だ。それが現代に生きる人を対象にして何事かを書こうとしている。驚きもしたが、強い興味も湧いた。あの戦争についての発言など聞いたこともなかったので、この企画に同調した。

本格的に取り組むことになり、定期的に聞きとりが始まった。木村さんは録音機など使わない。もと少女たちの話を片っ端からメモをとる。少女たちは辛かったはずの戦下の勤労動員や空襲の夜を、みんな楽しそうに語るのだ。教師としての木村さんの役割は国家の命令を少女たちに強制することだった。辛い命令を出していたのに、この少女たちはどうしてこんなに楽しそうに語るのか。木村さんの思索はここにあった。戦争とは何だったのか。木村さんは取材しながらそれを考えていたのだった。

こうして出来た『少女たちの戦争』(八七年)は、彼女たちの戦争体験を克明に再現している。疎開先の話、原爆の落とされた広島で過ごした少女の悲惨も語られている。「戦下」で風船爆弾をつくったり戦闘機の部品を磨いた話もある。疲れて怖くて泣いているのだが「生きる」という意志と、友だちや肉親に会いたい思いが、少女たちを奮い立たせたことを証言している。この本は戦争を仕組んだ奴等が悪いとか、だから戦争してはいけないなどとは直接的には表現しない。戦中の事実を語っているが、反戦を語っている本ではない。お上がいかなる政治を行い、どんな制度を作ろうとも「個人の生きようとする意思」を奪い切ることは出来ない、と人間の生きる底力を実証した本である。木村さんはこう言う。「国家は、国民に対して、こうせい、ああせいと細かく指示するのではなく、人々の困難を見たら、どうした？何か手助けすることはないか、と言うくらいでいいのだ」と。

こんな本を書いた木村さんに歴史学界はびっくりして、新聞にも専門誌にも、いくつも感想が寄せられた。木村さんの連れ合いは「いまさらそんなことを言うのはやめたらどうです」と言ったという。「いまさら」でも、「人」と「現在」に関して初めてモノを言ってくれた木村さんに拍手する人は多かった。軍隊で殴られ罵られた経験を持つ木村さんは、こういう形で国家の理不尽を糾弾したのだった。『木村礎著作集』（全一一巻、名著出版）の一巻に収められたこの本は今もって光彩を放し続けている。

余談だが、この本の主人公たちがいたのは、東京葛飾お花茶屋にあった共栄女子商業学校である。裁縫学校が前身だがいまは大学もある大きな学園になっている。八八年の秋、学校は全生徒とＰＴＡにこの本を配ってくれた。「木村先生の真意は共栄学園の生徒たちの経験を通して、二度と戦争を起こしてはならないことにあります」と校長の添え書きがあった。

また、編集を担当した谷口は、登場した少女たちと母が同年で、親子ほども年は離れていた。いかなる情愛がわいたのか、羨ましいほど親しくなり日本橋や浅草、巣鴨あたりで栗原に内緒で会食し、後でバレている。甘えていたのかも知れない。昭和五（一九三〇）年生まれの元少女たちだった。

幻に終わった学術原稿――『戦後史学史私論』

木村さんは明大の学長も務めた。組織的に仕組まれた替え玉受験・不正入学問題に遭遇し、新聞ＴＶで騒がれた。責任とると言って辞表まで出したのだが「この問題に対処できるのはアンタだけだ」と理事会で言われ任期は全うしたが「学長職」に就いたことはあまり本意でなかったようだった。「村を歩いていた方がよっぽどいい」とこぼしたこともあった。

明大一路できた木村さんに定年がきた。その前年だった。「自伝を書く」と言って栗原を研究室に呼び出した。克明に書かれた目次と執筆日程を見せられる。自伝と銘打つからには自身の内面まで書かねばならない。家庭のことだって避けられないだろう。そんなことを書く人ではないと思っていたから内心驚いた。

「本気ですか」

「何をいうか、正気だ」

それを聞いてこの原稿は他社に任せるわけにはいかないと思った。

木村さんがなぜこんなことをする気になったのかは聞いていない。ただ木村さんは「自己の省察なしに歴史を語ることはできない」という自説がある。自分は何者であるか、自分は何を考え何をしてきたのか。定年を機に周縁の人々に何ごとかを書き残そうとしたのだと推測する。

『戦前・戦後を歩く――歴史家の語るわが人生』は九四年の春、上梓された。還暦を期して作った『地方史を生きる』からちょうど一〇年、今度は古希だった。

上野精養軒で「ご苦労会」を開いた。研究仲間はもちろんだが、教え子というか教室や合宿で締めあげられた連中が大勢集まってきた。もちろん、あの少女たちも誘い合ってやってきた。木村さんの「生きる」だの「歩く」だのという人生はこういう人々と共にあったことを目のあたりにした。

この後、木村さんは名著出版での、ご自身の著作集の刊行に没頭する。高島緑雄さんなどが手伝ったとはいえ、各巻にいれる解説に苦心していたことは時々聞いた。三年かかって『著作集』は完結した。高島さんが企画して大学院の一室で祝賀会を開いた。ごくわずかな周辺の人々だけでの祝いだったが、「忍」の女将さんや地方史研究協議会に献身した岩田書院の社長岩田博さんの顔もあった。

木村さんも歳をとる。が、盆栽など弄《いじ》って「老後」を送るわけがない。栗原はずっと言い出せないでいたことを木村さんに訴えた。「戦後史学史」を「地べた」からの視点で書いてもらいたい。お山のてっぺんからではなく、泥鰌やおけらの目で書く史学史だ。御茶の水駅前の寿司屋の二階だった。栗原はこれが最後だと思うから一生懸命頼んだ。木村さんは一瞬考えこんだが「今ならやれる」と承知してくれた。「今なら」の意味を理解しかねたが嬉しかった。この話が栗原の法螺話でない証拠がある。二〇〇二年五月にもらったボールペン書きの書簡だ。

拝復

「年表」有難う存じました。

「著作」の部分は別として［事項］は大いに参考になります。便利です。

さて、過日の会の結論を清書しましたので、そのコピーを二枚同封します。

※表題の件。五を削除し、各章に分散させる件。五を削除する代りとして終章を置く件。

終章に対応させるために「はじめに」をやめて「序章」とする件。以上が改正箇所です。

各章の枚数割振りは以下の如し。

一＝百枚

二、三、四＝各二百枚（六百枚）

序章、終章は各一五〜二〇枚
右は大まかかつ機械的な配分で、やってみれば必ず動くでしょう。
◎書く手順を次の如く改めます。
○これまでの考え方
・九月から一気に書く。
○新しい考え方
・二から書く。五月に準備し六月に書く。
・七月に三（あるいは四）の準備をし九月に書く（八月は出かけることが多いからダメ）
・十月に四（あるいは三）の準備をし、十一月に書く。
・十二月には一を準備し書く。
・序章、終章は年を越す。
・原稿に手を入れ、渡すのは二月頃だろう（おそくとも三月中）。
大体右のようなやり方をとります。
したがって、五月下旬には原稿用紙を自宅へ送って下さい。　早々
二〇〇二・五・四　　木村　礎

木村さんの予定である。これを見ると四〇〇頁近い大作になる。この意気込みから察するに以前からやってみたい仕事だったのではないかと思える。人生の末期で、同学の研究者に残しておきたかったテーマだったのかも知れない。

【『戦後史学史私論』の構成】 2002・5・1記（※史論でも、試論でもなく、私論だ。栗原註）

序章

一、戦後史学史以前

1．前近代（記紀以降江戸時代迄、きわめて簡単に）

2．明治・大正・昭和戦争期（江戸時代的な修史の伝統。ランケ風の実証主義。文明史観、歴史研究の分化現象。民俗学、マルクス主義、皇国史観……。きわめて多様。要約的に）

二、戦後史学史の時期的特質

※時期区分し、各時期の特質を指摘する。併せて各時期の一般動向を背景として示す。

1．一九四五・八・一五〜一九五〇年前後＝戦前歴史研究の反省と批判↓混迷の中からマルクス主義的社会構成史学の急速な台頭と定着化（一九四九年度歴研大会「各社会構成における基本的矛盾について」〈世界史の基本法則〉敗戦、混乱、貧窮、飢餓、占

領～講和〈憲法、戦後改革〉、中華人民共和国成立、朝鮮戦争勃発）
2．一九五〇年前後～一九七〇年前後＝社会構成史学の繁栄→硬直化→疑問→批判　貧困からの脱出、占領状況への反撥、六〇年安保、高度成長、新幹線、東京オリンピック、大学紛争
3．一九七〇年前後～一九九〇年前後＝歴史研究の多様化（社会史、村落史、都市史、女性史……）　経済の高度成長続く→バブル化、東ヨーロッパ諸国における社会主義体制の崩壊、ソビエト連邦滅亡、湾岸戦争……）
4．一九九〇年前後～＝既成の大理論（発展段階論、近代化論……）の衰退、新しい大理論の未出現、これを歴史認識における体系性の喪失と見るか、本来の姿と見るか、バブルはじける、停滞、不況、阪神・淡路大震災、地下鉄サリン事件、各界に不祥事続発、内部崩壊の兆、右傾化

三、歴史認識の諸相

・戦後歴史学（マルクス主義、社会構成史学、スターリン主義、スターリン批判、歴研、石母田正、大塚史学、近代化論……）
・郷土史、地方史、地域史
・社会史

・多様化　※さまざまな問題の中に歴史の方法、叙述、歴史における実証、歴史学の有効性等々歴史研究の根底に座する多様な問題を入れる（神戸新聞随想等も）
・史料の広がり
・歴史教育
・さまざまな問題

四、歴史研究の社会的広がり（これを欠いた戦後史学史はあり得ない）
・資料保存　・利用問題
・政治とのかかわり　・文化財保護・マスコミ
・博物館　・大学史
・自治体史（誌）　・会社史

終章

（二〇〇二・五・四　境町史編さん委員会原稿用紙に）

栗原が意を決して依頼したものに対する回答である。この書簡を書いてから古い友人との研究会で何度も発表し意見を求めていたという。最後の会で「これでいく」と表明したとも聞いた。

原稿は書かれたのか。現場を抑えていない無念は残る。木村さんは二〇〇四年一一月二七日に亡くなった。すぐさま取り巻きに「原稿があるはずだ」と探索をお願いしたが、どなたも発見できなかった。書斎も書庫も、棺桶の中まで自分で探索したいくらい悔しかった。栗原は、何年も切望した木村礎の学術原稿を胸に抱くことは、ついにできなかった。

木村さんが逝ってから一〇年が経った。明大法学部の村上一博さんが訪ねてきた。村上さんは、明治大学の歴史を記録する大学史資料センターの幹部である。村上さんは、今までこのセンターと協同して尾佐竹猛《おさたけたけき》、布施辰治、三木武夫などの研究書を作ってきた。明大が誇る人物列伝である。この一人に木村礎を加えるという目論見であった。

日本史研究室の直系はいないのか。音頭とりは木村さんの教え子でもない法学部の村上さんしかいないのか。執筆予定者は山泉進、青木美智男、村上直、森朋久、藤田昭造、長沼秀明、村松玄太、飯澤文夫の各氏である。明大近世史専攻の現役研究者はいない。木村さんはお弟子を作れなかったのかと少し寂しい気もしたが、木村礎が明大にとって欠かせない一人に数えられたことを、栗原は誇らしく思った。

『木村礎研究――戦後歴史学への挑戦』(二〇一四年)が出来た翌年、明大和泉校舎は一年間の「木村礎講座」を仕組んだ。栗原にも一コマ講師の割り当てがきて「木村礎の青春」と題して木村の生きた時代と戦争について精一杯しゃべった。まとまりの悪い文章だが再現する。聴講するのは学部を問わない二年生。

木村礎の青春（二〇一五年一月九日　明治大学和泉校舎・学部間共通総合講座）

日本経済評論社の栗原と申します。この会社のことは馴染みのない人も多いでしょうから、どうぞスマホを開いて見てください。そうです。経済や歴史書を中心にした学術書の出版社です。この講座のテキスト『木村礎研究』を出しているところです。

普段はどんなつながりもない出版社の親父が、どうしてここに立っているのかを説明しなければなりません。お話する私が誰だかわからないと、話は面白くありません。

私は、日本経済評論社と名乗る専門書の出版社の社長をしているのですが、今から五一年前、明治大学の文学部を卒業しています。大学で学んだことは木村先生のもとで近世村落史でした。学んだというよりそこにいただけかも知れません。

入学は、一九六〇年です。卒業は六四年です。五〇年も前のことです。当時、私は五〇年先の自分がどうなっているかなんて、なにも考えていなかったと思います。歳をとるという恐怖は少しも感じていませんでした。明日のこと、目先のことだけでした。

今日は木村先生とその周辺について一緒に考えましょう。

●時代とどう向き合うか、どうつきあうか――一九六〇年という年

私の入学したこの一九六〇年という年がどんな年だったかも説明しておかなければなりま

せん。

一九四五年に終わった太平洋戦争の後、アメリカが日本を占領し、五一年に講和条約が成立するまで、日本は独立国ではありませんでした。六年間日本は占領状態にあったわけです。なにもかもアメリカが決めたと言っていい時代です。

民主主義の普及、財閥解体、農地解放、新しい憲法の制定など次々と命令を出し実行されていきました。でも、アメリカはこの六年間ぐらいでは日本は本当に独立出来ないと判断し、しばらく日本を見守るといって「日米安保条約」を結びます。五一年です。いまも続いている米軍の基地使用はこの条約が決めているものです。安保条約は一〇年後に見直すことになっていました。その一〇年目が私が明治に入学した一九六〇年だったのです。日米安保条約には、どちらかが「いらない」といったら解消してもいいと書いてあり、その改定が迫っていたのです。

当時の日本は戦争からまだ立ち直っていませんでした。食糧もなく、民主主義もよく分からない状態でしたが、軍国主義だけは反対する空気は強かったのです。

皆さんも聞いたことがあるでしょう。松本清張の『日本の黒い霧』。あそこに出てくる下山事件や松川事件、あれは労働者の力が大きくなるのを防ごうとした国家の陰謀だと言われています。三池炭鉱の争議も聞いたことがあるでしょう。全労働者対全資本の闘いと言われました。大きな闘いでした。朝鮮戦争もありました。それでも、人々の状態はよくならず、腹いっぱい食べられませんでした。国を動かす側、大企業や銀行、官僚のやり方は巧妙で国民の側は負け続けでした。

こんな状況の中での安保改定です。日本国民は、これだけは阻止し、本当の意味での独立国を創ろうと思いました。労働者はもとより、学生も主婦も商店主も、ありとあらゆる階層の人が「安保反対」を叫びました。何十万人もの人が国会をとりまき反対しました。有名な、と言っても皆さんご存じか。東大の学生樺美智子さんが警官隊に踏み殺されたのもこのデモの中ででした。これが安保闘争といわれるものの一面です。

明治大学は国会に近い。朝学校にくると、まずそれらしい仲間と落合い、国会に向かったものです。疲れると大学に戻って腹ごしらえしてまた国会に出向くのです。いろいろな考えの学生がいました。知らない大学の学生ともつきあいました。正直に言えば、安保の問題よりも知らない友達と言い合ったり言い返したりすることに興奮していたのかも知れません。この時期は、教室も落ち着かず勉強も手に着かないありさまでした。

ついこの間まで群馬の山で暮らしていた私は、東京という大都会に目を丸くしていたというのが本当でしょう。でも沢山の刺激をうけ、見たこともない本も読むようになりました。六月、びっくり続きの私の思いなど置き去りにして安保条約は存続され、今も続いています。アメリカの基地も無くなっていません。

●用意された社会に生きる

私は安保闘争という騒動を通して社会を知ったといっていいでしょう。それまで田舎の村に生まれ両親、家族、近所、小中学校の先生という比較的安心できる社会環境の中で育っていました。政治とか国家のことは考えなくてもすんだのです。同級生とは屈託なく遊び、先生からは「いい子」とほめられ、小遣いは少なかったけれど自分の廻りのことだけ心配していれば生きていけたのです。

私の生まれた村だって私がつくったのではありません。そこに用意されていたのです。そういう村社会を受け入れるだけでよかった私が、東京にきてびっくりしたのは何に対してだったのでしょうか。私の村はみんな優しかった。いい子でいさえすれば、叱られることもなく、かわいがってもらえたのです。でも、東京で見た現実は社会というものの広さと複雑さだったと思うのです。

考えてみてください。村では知ってる顔の人とだけ会っていれば日がくれます。友達の家にも目をつむっても行けます。知らないことは兄ちゃんや姉ちゃんにきけばすむ。こんな楽なことってありますか。それが東京に来ただけで、何もかもが違う。知らないことが多すぎる。聞く人もいない。東京で生きるには自分で社会に関わっていこうとする力が必要だと思いました。私は漠然とではありましたが、「大人にならなければいけないな」と強く思ったものでしたが、「大人になる」ったってその方法はすぐにはわかりませんでした。今の大人が若者に向かって「世間知らず」とか「今の若いもんは」というのはこの社会との関わり方を知らないと言っているのであって、「役立たず」と罵っているのではないと思います。そういう言い方をする大人もいますが、それは大人になった今の自分を基準にして若者をみているからです。自分が若者であったことを忘れて、あたかも自分がもともと大人であったようなモノの言い方は、不遜です。そんな言い方しかできないオトナがいけないのだと思います。そんな言い方をされても腐ることはありません。これは大人になった私が実感していることですから、みなさんへこむことはありません。

いずれにしても、私は安保闘争の終わった後、しばらくぼんやりしていましたが、何かをしなければいけないなとは思っていました。大学は二年に進級しました。

●木村先生との出会い

一九六一年の春、神田小川町校舎で木村先生の講義が行われていました。前後のいきさつは忘れましたが、「幕藩体制成立のメルクマールは何か」と木村先生。指名されたのは私。質問の意味がわからないのです。聞いたことのない言葉でした。有名国立大学を落ちたとか、二年も浪人したとかいう秀才が側にいて、あれこれ助けてくれたのでそこは切り抜けられました。こりゃいかん、勉強しなければならん、と思ったのはその時でした。あわてて専門書を買い込んだがすぐに追いつけるものではありません。

その年の夏、木村先生は千葉県佐倉の史料調査を計画していました。総勢二〇名の〝軍団〟でした。木村先生から「お前も来てみないか」とやんわり誘われ、古文書読みの練習と思い参加しました。最初の七日間の合宿です。この合宿で、話し合うことと規律を守ることの大事さを教えられました。一緒に寝起きしたことのない者が生活を共にするのです。そこには当然、約束ごとが必要です。朝起きから食事と片付け、風呂、ミーティング、何でも勝手にしていいものはありません。木村先生はわれわれの行動にすべてくっついています。

古文書は民家の土蔵の中、普段は誰も見ないところにありますから、それを取り出し丁寧に開きます。それを筆写するのですが、農家の親父さんは何をされるのだろうとじっと見つめています。つきっきりの人もいました。「うちの蔵にしまっておいたものが、何か歴史的に価値があるのだろうか」という目です。失礼のないように丁寧な応答をしなければなりません。もとのところに返すときも同じように包んで戻すのです。先生は私に古文書は読めないが、包み方や縛り方がうまいと言ってくれました。

食事は自炊でした。二人が当番になってみんなの食事をつくるのですが、これも得意な人はいて、これだけを褒められている人もいました。夜、帰ってからのミーティングでも、昼の学習成果を伝えねばなりません。黙っていてはだめなのです。一緒に食べ、報告しあうところに共同の喜びがうまれました。風呂にも一緒に入り、背中をながし合ったこともありました。

合宿の最後の日は酒を飲んでもいいことになっていました。この日だけは、合宿の成果がよくても悪くても、先生が兵隊だったころのことを話すのです。

馬の世話をしているとき馬に蹴られたがベルトに当たって助かったこと、幹部候補生の試験をうけなくて「非国民」とバカにされたこと、なども話しました。ただそんな話の最後には「戦争など計画したり、推進したりする側になりたくなかったな。仕方なく兵隊になることはあっても、進んで戦争したり、人を殺す人間には成りたくなかったな、私はそのために歴史を勉強しているんだ」と締めくくるのでした。これが結構しんみりしていて、涙組む友達もいました。先生は古文書調査という学問めいた、共同生活を通して、人は他人のことも気遣いながら生きていくことを教えてくれました。自分勝手に生きては行けないのが社会というものだということです。

●木村先生の青春時代

先生はどんな時代を生きたのだろうか。年表めいたものをつくってみました。

生まれは一九二四年、大正一三年。前の年の九月に関東大震災があり、東京は潰滅状態になったと言われています。この地震の揺れ返しは一年近くも続き、翌年一月には大きな揺れ返しがあり、その拍子に生まれたと笑って話してくれました。安田商業学校を卒業し武田薬品などに勤めたが気に入らず、千葉の国民学校や新宿の女学校を経て、昭和一八（一九四三）年、葛飾区の共栄女子商業学校に就職します。これが一九歳のときです。

太平洋戦争は、一九四一年に開始されます。初めは勝っていたのですが、四二年六月にはミッドウェィ海戦で大敗しています。この頃から負けが続きます。四四年には「玉砕」といわれた「全滅」が始まります。先生が勤め始めた頃はもう負け始めていたわけです。ですから男は兵士にとられてみんな戦地へ行ってしまいました。本土にいるのは老人と女子供だけです。女学校の生徒も働き手となって武器をつくる工場に勤労動員されていました。

この女生徒を工場に引率していった日々のことと、空襲のこと、離ればなれになったこと、そして終戦後再会する物語が『少女たちの戦争』という本です。

この本のことに入る前に、当時の日本がどのような状況におかれていたかを大雑把におさらいしておきましょう。レジュメをみてください。

いまさら言うまでもないことですが、日本の近代は明治維新から数えられます。徳川の鎖国が外国の圧力と国内矛盾によって終わります。伊藤博文や大久保利通、西郷隆盛、板垣退助らの時代になります。新生明治政府が最初にやった対外戦争は日清戦争でした。勝ちました。続いてロシアとの日露戦争です。国際社会は誰も日本が勝つとは思ってもいなかったでしょう。これも勝ちました。

日本には、大陸への入口として朝鮮を獲得したいという野望がありました。いずれも朝鮮国をめぐる外国との争いです。日本は大陸を獲得するための足がかりとして朝鮮を併合することに成功します（一九一〇年）。さらに一九三二年には偽国王を担ぎ上げ「満洲国」を創ります。中国本土への狙いはやまず、一九三七年の蘆溝橋での列車爆破に始まる日中戦争に至るのです。

木村先生が過ごした少年時代の東アジアはこのような状況にありました。戦争は止む気配もみせず、アジア全土への拡大一方でした。「太平洋戦争」の本質はアジア地域で横暴なふるまいをする日本の制裁にあったのです。アメリカが石油を売ってくれないから戦争になったというような単純なものではないのです。皆さんも聞いたことのある「南京大虐殺」「従軍慰安婦」の問題もみなこの過程でおこったことです。

古くからある歴史認識の問題でも、戦争を仕掛けた側、侵略した側と、仕掛けられた側、殺された側の違いをはっきりと表しています。日本に対する憎悪は歴史的には消すことは出来ないでしょう。これは別のところで考えますが、木村先生の少年から青年になる時代はそんな時代でした。

●『少女たちの戦争』のこと

『少女たちの戦争』のことに戻ります。この本のことを話しながら、先生はどんな青春を送り、どんな目にあい、どんなことを考えていたかを考えてみたいと思います。

この本の「あらすじ」を話しておきましょう。

一九歳のとき葛飾区にある元裁縫塾だった共栄女学校に赴任します。いまは大きくなりなにかのスポーツでTVに映ったりしますが、当時は五〇〇人に満たない小さな女学校だったのです。先生は二年生の担任になります。生徒は一四歳だから先生とは兄弟のちがいにもならないくらいです。この生徒が三年生になった年、先生は徴兵検査を受け乙種に合格します。ちょうど皆さんと同じくらいの歳ですね。教師でもあり、明治大学の夜学生でもあり、兵士にもなれる資格をもった青年だったわけです。

戦況は悪化しており、教室に手榴弾や防毒マスクが持ちこまれ、学業を止めてその仕上げなどに働いていた。それでは間にあわず、工場に出向くことになった。これが勤労動員といわれるものです。先生は新小岩にあった那須アルミ（現在は日本軽金属）というアルミを使った軍需品をつくる工場に配置されます。航空機の燃料タンクに使うアルミ板の接続部分に鋲《リベット》をハンマーで打ち込む仕事です。本来は男の仕事ですが、少女たちに「神風」と染め抜いた鉢巻きを額に巻き付けハンマーを持たせ働かせるのです。病人や怪我人もでましたが、先生は怒鳴りつけながら彼女らを励まし続けます。

先生は引率者だから生徒の働き具合や体調などを管理しているので工場の中を歩き回っていました。そんなある日、庭に積み上げられているアルミの原料の山が少なくなっていることに気づくのです。その山が元に戻らない。そのことを先生こう書いている。

「ふっと私は、〝原料がこないのだな〟と思いあたった。なぜそうなったのか。その時私は、南方からの輸送船が沈められそれでこないのだ、とハッとしたのである。私は敗北しつつある戦局を肌で感じとった」と。

「敗戦は早くから分かっていたよ」という人も沢山いる。しかしそれは後知恵です。当時の人々はまだ勝つと信じていた。兵士もそうだったろうと、先生は知ったようなことを言う同年代の人を厳しく批判しています。

一九四四年の秋から、B29の偵察飛行が始まり、翌年三月の無差別・一般住民殺傷の東京大空襲になります。

少女たちは田舎へ疎開していく者も多かったが、疎開先のない生徒もいた。その頃の彼女たちのいでたちは、先生の言葉によれば、「ボロ靴か下駄を履き、頭には戦闘帽、モンペ姿で、防空頭巾を背負い、肩から救急袋を下げ、胸には所番地を書いた名札を縫いつけていた」そうです。勤労動員は続いていていた。

四五年は元旦から空襲。これ以後はB29が毎日のように飛んで来た。生徒たちの家々に万遍なく焼夷弾がふりそそいでいた。その都度人々は逃げ回った。

三月一〇日の夜中、歴史に残る東京大空襲である。この夜に起こった少女ひとり一人の惨状はとても紹介できませんが、この空襲で死んだ一〇万人近くの九五%が、先生が勤めていた下町の住民なのです。

先生はこの空襲のときは、一〇日ほど前に召集され群馬の軍隊にいた。生徒たちとは別れ別れになっていました。先生の軍隊生活については省きます。少女たちがそれぞれの疎開先でどんな目にあったかも省きます。

ただ一人、広島に疎開した少女のことだけを紹介します。

広島に疎開した彼女は、病院の助手として働いていました。原爆が投下された八時過ぎ、黒を主体にして赤が混じっている不気味なきのこ雲を見ます。なにが起こったのか見当もつかないまま、仕事を続けていましたが、それは三〇分も続かなかった。ガラスの破片や何かに当たって怪我をした人々がつめかけてきたのです。それが時間の経つにつれて髪の毛がチリチリの人、目玉がピンポン玉のようにとびだしている人、口が風船のようにふくらんでいる人、皮がむけて雑巾のようにぶら下がっている人たちへと変わっていった。彼女は医者でも看護婦でもない。白衣を着ているだけの少女です。水がほしいという人に水を遣ろうとすると医者が「水はダメだ、傷が悪化する」といって止めるのです。もうすぐ死ぬのに水も遣らないなんてひどいと思い、無断で水を遣ります。みんな目で有難うと言って、間もなく死んだ、という話です。

彼女が後になってから感じる罪悪感のこと。まもなく死ぬ人が彼女の手をとって「私はどこそこのものだが、誰々にここにいることを知らせて欲しい」と例外なく頼まれたのにメモをとるひまもなく、誰一人にも知らせてあげられなかったことだという。この人は一生、このことに悩まされるのだと思うとやりきれません。

●戦争に負けるということ

八月一五日、天皇の敗戦宣言。戦争は終わりました。生徒もぼちぼち戻ってきたが一八〇人いた生徒のうち、学校に戻れたのは五〇人ほど。先生も一〇月に教室に戻ってきます。ついこの間まで国のために工場に動員していた自分が、負けてしまった今、何と言って生徒に挨拶しようか迷ったそうです。結局日本に対して責任も持っていない先生が「申し訳ない、日本は敗けた」と言って頭をさげたのです。工場に引率していった責任はあるにしても、謝る立場ではない。先生は、こんなポーズを取ったことをいつまでも悔やんでいました。生徒たちは気にもせず『リンゴの歌』を歌ってくれたそうです。

翌年三月卒業式。校長が「みなさんは可哀想な人たちでしたね、戦争で苦労しましたね、学校は何もしてあげられなくて」と挨拶した。『仰げば尊し』を歌う段になって、生徒が泣き出して歌にならなくなった。先生は「泣くなっ、歌えっ」と怒鳴りつけますが、泣き声は高まるばかりだったという。こうして先生は、共栄女学校とも少女たちとも別れ別れになったのです。

これがあらすじですが、先生が一九歳、二〇歳という皆さんとほぼ同い年のころに体験したことです。先生は、何十年後かに会った、かつての少女たちとの聞き書きをもとにして『少女たちの戦争』をまとめたわけですが、最初に申し上げたように、先生の青春も「用意された社会」に生きたということです。「用意された社会」というのが戦争の時代だったわけです。青年につきつけられる問題は今と同じようにいくつもあります。先生が薬屋になることをやめて教師になろうとしたこと、教師をしながら歴史を学ぼうとしたこと、歴史といっても天下国家の歴史ではなく、農民の、庶民の目から見た歴史を考えようとしたこと、ここで言えることは、いくつかの問題があるとき、先生は自分の判断で、いつもどちらかの道を選びとっていることです。また、怒鳴りつけながらも時代というどうにもならない事態を共有し励ましていることです。そうしながら問題の分かれ目を決断していることがわかります。

●国も人も日々決断して生きている

個人の決断は間違ってもまだ許されるでしょうが、その過ちが国家や指導者だった場合、許されないこともあります。

太平洋戦争の流れの中にそれを見てみましょう。

戦争が始まって一年も経たないうちに敗け始めます。玉砕も続きます。そのとき大本営は、「まだ勝てる」「被害は小さい」と国民に対して気休めのようなことを言っています。一九四五年になってからの戦争の経過は目にあまるものがあります。東京大空襲、大阪大空襲、沖縄戦とみただけでも何十万もの人が死んでいます。南方の島々がダメなら本土で決戦だと言ってずるずるとひきのばしています。

八月九日に長崎に原爆が落されるまで、この年になってからも半年以上の期間があったのです。どの時点で敗戦を認めても何百万人かの命と財産は守れたはずです。政治には国民に分からぬいくつもの事情があるにせよ、国民を守るという立場に立てば、メンツもクソもかまわなくていいだろう。例えば「ポツダム宣言」が発表された七月末に、すぐさまその宣言を受け入れていれば広島長崎の原爆はなかったのではないだろうか。敗戦から七〇年経ても、決断の遅れが多くの人命を失ったことは残念でなりません。負けることが分かっていても戦争を続けるのか。それとも負けが分かったらさっさと戦争をやめるのか。政治的判断の誤りだった。

年表を見ていただくとわかりますが、明治国家が出来て以来、日本の指導者は好戦的で、人民はある意味では仕方なく戦争をしていたことが分かります。西洋と張り合いながら資本主義国家として世界の仲間入りを果たした。敗戦前までの日本人の精神構造は国家と切り離しがたく結びついていた。「お国のため」というのが精神の支柱にあった。だから国家が常に戦争の道を選択してもあまり疑わなかった。木村先生も生徒たちもそうだったのです。

私たちは突然生まれたのではありません。日本の歴史の連続の中に生まれ生活しています。皆さんに「用意された社会」と言ったのはその意味です。皆さんの過去は、と言ってもあまり永くない過去ですが、今の自分は、自分の過去と社会の過去によって形作られている存在だということです。

木村先生は「歴史は必然ではなく、選択の問題だ」といっています。わたしたちは個人としても日々、意識するにしろしないにしろ、選択をしながら生きています。

歴史を学ぶということは、過去にあった出来事を暗記する学問ではありません。自分がどのようなわけでここにいるのか。何のためにいるのか、を常に考えることです。やがて皆さんが社会の中心になる日はすぐそこです。大人に代わって社会を担っていくのです。ただお利口になる必要はありません。他人の話や悲しみに耳を傾けることができるか、近隣の人に挨拶ができるか、傷つけたときに「ごめんなさい」が言えるか。こんな日常的なことが大事でしょう。会社で偉くならなくていいです。お金持ちにならなくていいです。それよりも大事なことはなんでしょう。そういうものを探しあててください。後々、明治大学が母校だといえるように自分を見つめる学生生活を送ってください。すてきな大学時代を創ってください。

今日、みなさんの前でお話したことは私のいい記憶として残るでしょう。ありがとうございました。

締まりの悪い話だったが、学生たちは静かに聞いてくれた。話の半ばで、木村さんを慕っていたにも拘わらず研究者の道を捨てた古い友人種井孝允の愛娘が、最後列の席で盗聴していたのに気づいた。

木村礎の死を伝える『朝日新聞』の記事を紹介しておく。

……悲惨な戦争への痛烈な反省が、戦後、歴史学の研究に向かわせた。戦争の道具になるような観念的な支配者の歴史ではない。庶民の生活の歴史を探さなくてはと実証の「地方史」をめざした。学生を連れて農村を歩き古文書を探す調査を重ねた。納屋や屋根裏にもぐり込み、ほこりまみれになって文書を読んだ。七十歳まで学生と同じものを食べ、一緒に風呂に入り、集会所で雑魚寝した。調査をもとに江戸時代の農民や農村の姿を描き出した。庶民の視点の「木村史学」とよばれるものである。……

（二〇〇四年一二月二七日付　渡辺延志記者）

木村さんを讃えた記事だった。

一〇年もたったある命日、木村さんの姪にあたる木村千恵子の写真展の帰り、赤坂の大倉集古館に近い墓所にお参りした。誰か知らぬが「ありがとうございました」と書かれた真新しい名刺が置かれていた。

二冊の評伝——松本昌次の遺著

『わたしの戦後出版史』（二〇〇五年、トランスビュー）の中でご自身の作ってきた本や作家との関わりをすべてさらけ出した松本昌次さんが、「宿題を片付けて始末をつけよう」と駒込の韓国料理屋で呟いた。栗原は松本さんに、未來社の西谷能雄さんの評伝を書くよう西谷さんの生前から頼んでいた。西谷さんは弱小出版社が生き残るために自社の実態を例証して出版流通に対して改革案を提起してきた、いわば出版界のご意見番のようなところがあった。著者も同業者も誰もが好いていたわけではない。強烈な個性の持ち主には避けられないところだ。栗原が要請していたのは業界に向けて発言していたことではない。

西谷さんは、佐渡に生まれ明治大学に学び、西の岩波と言われた弘文堂で編集長を勤め、そこを飛び出し未來社を興す。設立間もない未來社に押し入ったのは松本さんである。文芸から政治、経済、文学、哲学、思想まで手がけ、「欲しい人だけが買ってくれればいい」という姿勢で数々の名著を送り出してきた。凡人は「あういう本でよく食えるな」と揶揄と羨望をもって未來社をみていたものだ。

松本さんも、未來社に入社早々から、好き勝手に企画し本を作ってきたように見える。花田清輝、平野謙、埴谷雄高、廣末保、吉本隆明、橋川文三、富士正晴……われわれの多くが知る名のある人々の本だ。売れたものもあったろうが万遍なくではあるまい。西谷さんは、松本さんの出す企画について「君がいいと思うなら」とほとんどを許したという。松本さんは西谷さんという、人を信じきれる人と出会ったのだ。西谷さんいてこその松本さんであった。二人はそれぞれの努力を重ねて未來社を孤高の出版社にした。だが内面は知らない。印刷業者や著者、銀行そして社員にはどんなつき合い方をしてきたのだろうか。そんな裸の西谷さんを知りたかったのだ。頑迷固陋の西谷の内側が知れたら面白い伝記になるだろう。栗原が慕った分だけ、惜しまず支援してくれた西谷さんの正体を、後世の出版人に残したかった。

松本さんは栗原の願いに応えようとして「宿題を果たそう」と言ってくれたのだ。マッコりを呑みながらその気遣いに胸があつくなった。西谷さんが逝って一四年、松本さんは病躯に鞭打ち脱稿した。出来た本は『西谷能雄 本は志にあり――頑迷固陋の全身出版人』（二〇〇九年）。出来た日に未來社を継がれたご子息の社長に真っ先に届けた。憮然として受け取られ、「こういうものを出していて経営は大丈夫か」とわが社の姿勢をやんわりと批判された。二代にわたり出版界を睥睨する人物のお言葉にはギョッとした。気がつけば、先代西谷さんの言説を話題にする人も稀になってしまった。

松本さんはこの席で庄幸司郎さんについても一冊残したいと言いだした。これは予期しないことだったがマッコリは二本目になっており、栗原の神経は緩んでいた。

庄さんは松本さんの夜間高校教師時代の教え子だ。松本さんより四つ年下の大工だった。引き揚げ体験をもち、「松本先生」に絡んできて以来親しくなった。レッドパージの吹き荒れる夏休み前、反戦芝居を企画した廉《かど》で松本さんは高校を馘首《くび》になる。野間宏の口利きで未來社に就職したあとも庄さんとの関係は切れず、松本さんが作家の書斎や台所の修繕を取り持って親密度は増していった。庄さんはたたき大工を卒業して「庄建設」を興し金回りも格段によくなった。庄建設の営業用パンフレットは展覧会の図録のように分厚く立派だ。作家や学者の小仕事まで記録されていてインテリに好かれていたことがよく分かる。

松本さんは一九八三年「影書房」を名乗って未來社と離別する。同志米田卓史や秋山順子が従いてきた。本は正義を出版したからといって売れるものではない。経営のピンチは連年続いた。庄さんは黙って見ていない。ありったけの都合をして応援した。松本さんは苦境など気にもせず「正義本」を作り続けた。庄さんが後ろ盾になっていなければとても出来ないことなのに「貧乏だから出せるんだ」と嘯《うそぶ》く松本さんも奇特な人だった。

　栗原も数度、庄さんと飲んだことがある。一升瓶を膝に抱えて憲法九条についてぶちまくる。甲高いが耳障りではない。酔いが回って若山牧水の歌「白鳥は悲しからずや……」と唄い出せば座の最高潮だ。庄さんは仕事にも酒にも、そして平和と影書房にも、金も口も出し続けて没した。二〇〇〇年二月のことだった。盛大なお別れ会も企画され遠来の人もたくさん来場し七〇歳前の死を惜しんだ。

　庄さんを記念する本『庄幸司郎 たたかう戦後精神——朝鮮難民から平和運動への道』（二〇〇九年）は庄さんにこんなに幅広いファンがいたかと思うほどに迎えられた。

「戦後編集者」を貫いた松本昌次さん

松本さんは宿題だった弔い本二冊が出来て、借金を返したように安堵した。この二冊について、松本さんが日本経済評論社のPR誌『評論』に寄せた一文がある。松本さんがその気になった心境がわかるので再録させていただく。

「**弔い合戦の二冊**」　松本昌次

西谷能雄と庄幸司郎――この生まれも育ちも異なる二人がいまなおヤクザのように出版界のドロ沼から足の抜けないわたしにとって、忘れ難い師であり、友であることはいうまでもない。

師である西谷さんは、〝頑迷固陋〟を自称して憚ることなく、〝出版は志にあり〟と数々の名著を世に送りつつ、同時に、矛盾山積の出版界の〝御意見番〟として生涯を送った、知る人ぞ知る〝全身出版人〟である。竹内好さんによって「未来への遺産たるべきドキュメント」と高く評価された十指に余る著書をのこし、一九九五年四月二九日、世を去った。享年八一。

友である庄さんは、旧「満洲」からの〝戦争難民〟として一四歳で見知らぬ日本に放り出されて以来、〝タタキ大工〟から身を立て、学者先生を〝糞インテリ〟と罵倒して憚ることなく、反戦平和・憲法擁護の立場から、建築の本業のほか出版・映画制作などに湯水のように金を投じた、これまた知る人ぞ知る〝全身市民運動家〟である。同じく竹内好さんによって「この男は、見どころがある」と深く愛された。二〇〇〇年二月一八日、急逝、享年六九。

一九五二年四月、仙台の大学を出て時間講師として赴任した都立高校夜間部のうす暗い教室で、わたしは庄さんと出会った。教師を教師とも思わぬ不敵な、それまでの苛酷な体験に裏打ちされたニヒルな面構えの、大工道具を肩からひっかついだ二〇歳の青年だった。わたしは当時、猖獗を極めた〝レッドパージ〟なるものに、せいぜい〝ピンク〟ぐらいだったにもかかわらず、ひっかかって、半年であっさり教師を馘になった。しかし、水と油ほどに性格の異なる庄さんとわたしの〝奇妙な友情〟は、さまざまな困難を越えて切れることなくつづいた。

翌五三年四月、野間宏さんのお蔭で、わたしは、創立一年余の未來社の編集部に、出版のシの字も知らないのに拾われた。度の強い眼鏡をかけ、がっしりした身体つきで見るからに頑固一徹といった感じの西谷さんの風貌に、はじめは果たしてこれから勤まるかどうか不安であった。しかし、これまたお互い、水と油ほどに性格は相反するというのに、以来、三〇年余、〝出版の志〟は切れることなくつづいた。

庄さんは、未來社に関係する多くの著者の、小は本棚から大は一軒家にまでかかわり、〝タタキ大工〟から建設会社の社長になった。「未來社は土建会社か」とささやかれたりしたほど、わたしは庄建設の営業もしたりした。

いまから二四、五年も前、まだ西谷さんが存命中のある夜、焼鳥屋で隣り合わせに呑んでいた栗原哲也さんが、にやっとしながら、「西谷能雄伝を書かないかねえ」と、わたしをそそのかした。一九八一年、日本経済評論社にとっての最大のピンチの折、西谷さんは救世主のようにして栗原さんと出会った。わたしとの出会いでもあった。その経緯の若干は、昨年一〇月、非売品で刊行された栗原さんの筆による『私どもはかくありき――日本経済評論社のあとかた』に書かれているが、つまりは、西谷さんへの〝ご恩がえし〟を、一緒にやろうじゃないかということである。

ところがである。事態は、もっぱらわたしの怠慢で一向にすすまず、西谷さんは、間もなくあの世へ。そして、やがて、前述の『私どもはかくありき』にも一章をさかれるほど、栗原さんと親交を深め、「平和に対し、金も出し、汗も流し、口も人一倍出した庄さん」も、「アバヨ！」の一言も残さず、〝戦争難民〟として辿りついた〝祖国〟に、まるで愛想づかしをしたかのように、あの世へ。

それでもなお、お前さんは、沈黙をしていていいのか！　栗原さんと会うたびに、声なき声が、わたしを脅迫する。……この二冊が、現在の出版界に向けての、わたしと栗原さんのささやかな弔い合戦になるかどうか。

（二〇〇九・六／『評論』一七三号）

その後、松本さんは年老いた自分を自覚し、影書房の経営から身を引いて身軽になった。ときどき映画評論や文学談のために、あちこちの会に出入りして町のインテリ志向者に愛されていた。現体制を容認しつつも「反体制」の意思表示をすることで己の良心を癒している市民に罪はない。松本さんはそうした階層を裏切ることはなかった。平和に対する発言は終わらず、死の直前まで執筆し続け、『いま、言わねば——戦後編集者として』（一葉社）の遺著に取り組んだ。

二〇一九年正月、九一歳で生を終えた。遺志により葬儀はごく簡単に、わずかの人だけで営まれた。誰が知ろうか、その霊魂の行方を。

ご当地民主主義——『本庄事件』刊行異聞

一九四八（昭和二三）年八月に起こったことだ。

銘仙で有名な埼玉県本庄町において新聞記者に対する殴打事件が発生した。当時の本庄町ではヤミが横行していた。ヤミで蓄えた資金と暴力団をバックにした、元博徒の町議会議員ボスが町に君臨し、町当局も警察や検察もさらには一部マスコミも彼の前には無力であった。

そんな町に駐在員として赴任してきた朝日新聞の若き記者岸薫夫《ただお》は、「ボス」の息のかかったヤミ業者と警察・検察の癒着を報道した。岸が町民の前でボスに殴られた。怒った『朝日新聞』には毎日のように、「暴力の街」の実態が報ぜられ、それらの記事に勇気づけられ、GHQにも後押しされた青年たちが町政刷新の狼煙をあげた。青年たちの勇気は、暴力を恐れ口を噤《つぐ》んでいた町の人々を動かし、ついに一万人規模の町民大会が開催された。また、GHQも打開に向けて積極的に動いた。その結果、「ボス」一派は訴追され、「ボス」と癒着した町の有力者や警察幹部、さらには検察幹部も退陣を余儀なくされた。

民主化に立ち上がった民衆の勝利である。これが「本庄事件」と名付けられ、心ある歴史年表には確《しか》と刻まれている。

【近代日本綜合年表】一九四八・八・一二　埼玉県本庄町における暴力団・町議・官憲のなれあいを報道した朝日新聞記者、暴行脅迫を受け問題化。八月二六日暴力追放の町民大会に一万人参加（本庄町事件）。

栗原は本庄の高等学校を出ている。入学当初から、この町は民主化のために闘った誇らしい町だと信じていた。事件と呼ばれるほどの闘いを経験して、今もそれは語り継がれ誇りとしているのだろうか。

社内で「本庄事件」を知っているか聞いてみた。「保険金殺人の本庄事件でしょ」とみんな答えた。ご当地以外では誰も知らない事件かも知れない。調べてみたら同名で一九二三年、関東大震災時の朝鮮人虐殺事件もあった。本庄はいまもその闘いを記憶し継承しているだろうか。

この事件は『ペン偽らず——本庄事件』（花人社）として本にもなっている。日本民主化の見本としてGHQも後押しした。本庄の市民に思い出してもらおう。そのうえであの事件は現在まで継承されているかを確かめてみるのも意味あることだ。個人的な願望を公的と偽装してはいけないが社内の同意を得て『ペン偽らず』の復刊をすることにした。

最初に会わなければならないのは、事件に点火した朝日の記者岸薫夫さんだ。追跡してみると、岸さんは朝日を辞め通産省の関連団体のえらい役職に就いていた。当時から六〇年近く経過しているとはいえ、岸さんの半生は本庄事件とともにあったように記憶は鮮明であった。その後の歴史的経過も考慮されているのだろう「本庄事件は確かに新聞と町民との結束でボスは追い出したが問題も残った」と言う。問題とは何か、が問題なのだ。

ほかの人の話も聞こうと、朝日本社の記者渡辺延志さんに導かれ元記者内田潔さんや佐藤国雄さんにも面談した。事件で活躍し貴重な談話を残した杉山喬記者の録音テープは高崎に住む娘さんに掲載許可をもらいに行った。いろいろ取材するうちに、町民が立ち上がったこの民主化運動が、日本の戦後民主化運動のさきがけと単純に思ってはいけないことが分かってきた。

町民の陰にいつも占領国アメリカの影があったのだ。アメリカは、「行き過ぎた日本の民主化」を懸念し始めていた時期である。民主主義の先進国アメリカが日本民主化の舵取りをしようとしているのだ。あやつられていると言っては語弊があるが、日本に上陸したばかりの民主主義はまごついていたのだ。そう言えば、本庄事件の町民大会の写真には、檀上でGHQがデンといて脚を組みながら進行を監視していた。

吉田真也の編集担当で、わが社の復刊本が出来た（二〇〇九年）。友人の手引きで本庄の文化団体の幹部に会った。彼らの口ぶりでは、本庄の町は明るく明快に歴史を引き継いでいるという。山本薩夫監督が映画にした『暴力の町』を定期的に観るサークルも出来ていて事件は否定的記憶ではない。これでいいだろう。栗原も一夜鑑賞会につきあった。青年もちらほらいたが、圧倒的に老爺と老婆。スクリーンに映る当時の街並みを見て「あれはどこの店」「ここは何屋」などと当時の屋号を言い当てていた。

高校の先生にも会った。「本庄事件について生徒に話すことはあるか」と聞いたら「まったくない」との返事。夜、スナックで地元の初老に話を蒸し返してみたが、「そんなこともあったねえ」と軽く去《い》なされたが、「本庄は暴力の街じゃねえ」と付け足していた。

結構こだわったこの本の解説は、日本の政治外交史に詳しい、国学院大学の栗田尚弥《ひさや》さんにお願いした。法政大の奥武則さんは『メディアは何を報道したか』(二〇一一年)の中で「新聞は本庄事件をどう報道したか」を論述してくれた。こういう事件の評価とは別に、すくなくとも本庄の町は、あの事件を闘った青年男女を「不良たち」と悪い記憶としていないことが分かってホッとした。

百数十年前、本庄に近い秩父地方で起きた「秩父事件」では、立ち上がった村民青年の末裔を「ハネっ返りの子孫」だの「ぶっ毀し屋の血を引く」だのと言って、事件にかかわった家をついこの間まで白い眼でみていた土地だったことを思えば、大きく変わっている。

また、不思議なことにも気がついた。この本の原著は朝日新聞浦和支局の記者たちで作られている。朝日はこの歴史的闘いをどう評価継承しているのだろうか。そんな気持もあって、朝日新聞には三八《サンヤツ》という値の張る一面下広告をだした。また大衆誌『週刊朝日』にまで出した。それらしき要職の人にも贈呈した。なのに、と言っていいだろう。朝日現職の人からは何の反応もなかった。戦後まもなくの頃、民主化、言論の自由のために闘った先輩の所業を、この本で初めて知った戦後生まれもいたに違いないのに、無反応、屁もひっかけてもらえなくて、ちょっと気落ちした。世間の関心とわが関心はずれていた。海外旅行や特産品広告で紙面を埋め尽くす『朝日新聞』をとるのを止めようかと思った。

本を支える現場の人々

わが子が小学生の頃、「お父さんの仕事はなんですか」と聞かれた。宿題だったのだろう。「本屋だ」と答えたら本を売ってる本屋さんと理解したようだった。「そうじゃない、本を作っているんだ」と訂正したら製本屋を連想した。出版とはかくもつかみ所のない仕事なのだ。子どもは学校で父の仕事の説明ができなくて恥をかいたのではないか。

著者から押戴いてきた原稿を印刷屋に入れる。入稿というが、ここからハード面の本づくりが始まる。かつて鉛の活字で版を組んでいた時代は完成度の低い原稿（文章）だったり、汚い字で書かれた原稿を入れると、工場の職長から「こんなクズ原稿を取ってきたのは誰だ」とよく怒鳴られたものだ。一文字直すのにも投下労働力が今とは桁違いだったから無理もない。組版現場で活字がページごとに括られて、ゲラ箱の中に納められているのを見ると、組版職人の技術の高さを思い感動さえした。不注意に歩いてゲラ箱でも倒してみろ、それこそ殴り倒される勢いで叱られた。そうやって職人と肚が通じ、現場が学習の場にもなっていた。

わが社の本作りを支えたいくつかの業者を紹介する。

会社を始めたころは文昇堂印刷に殆んどを発注した。栗原がいた前職場の職長が興した印刷所だから気心は知れていた。社長も社員も総ぐるみで交流した印刷所だ。

次に関係した印刷所は平河工業社。社長がレンズの特許を持っている人で急成長していた。復刻出版があったから初期には平河に頼んだ。営業の藤原さんは気さくで小回りがきき、時には取次の納品まで手伝ってくれとても助かった。一九八〇年以降は西武印刷とか三進社印刷とか増えていった。太平印刷社は一九七八年から取引が始まっている。この会社は、戦前の同盟印刷所に前身もち、時事通信社などとも深い関係の由緒ある印刷所である。仕事には信頼がおけ、長い付き合いとなっている。新栄堂は論創社の森下社長の紹介で関係した。「金がない時は支払いをいつまでも待ってくれる」ということだったが、請求は結構厳しかった。営業担当の長谷川憲一さんは、影書房で『ヘルボックス——印刷の現場から』（ヘルボックスとは不要の活字を入れる箱、「滅箱《めつばこ》」のこと）という本を書くほどの博識だったが、惜しくも先年逝ってしまった。

シナノ印刷は九四年から取引が始まっている。営業は終始村山亜富さんが引き受けていた。村山さんは印刷哲学をもっていて、一家言あった。「印刷は感性である」と表現する。技術をカバーするのはひらめきだというのだ。聞いていて楽しくなる印刷話をする人だった。お代は安く、仕上がりもよかった。

二〇〇三年に藤原印刷が登場する。信濃に本社を置く会社だが、ここの女社長は愛想はいいが社員の躾には厳しいらしく、出入りする営業マンはきちんと育てられており、隙を見せるようなことはなかった。夏には社長から必ず西瓜が届けられた。これが楽しみで取引は長く続いた。長く続く取引をしているところは、みな営業担当と気脈が通じる関係が保たれていた。取引値段だけではなかった。

紙屋の儲けは紙より薄い、などと知ったようなことを言ったが、それは用紙店の営業が言ったことを口真似したにすぎない。紙は製紙所で値段が公表されている。小売り段階で釣り上げればすぐ判る。一キロ当たり一円か二円の交渉だ。量で勝負しなければならないが、わが社のような少部数制作では儲けようもない。だが紙がなければ本は出来ない。手間はかかるが面倒がらずに売ってもらうしかない。その点、堀留洋紙店は長く面倒みてくれた。ダイヤ商会もそれに続く。

製本所も長い取引が多い。根本製本の社長根本正一さんは若い頃は野心家で製本関連一貫工場を作ろうとしていた。六階建てのビルを造り、上層階から折屋、丁合屋、かがり屋、箔押し屋、製本屋と並べ、一階は運送部にするという構想だった。取次トーハンの真ん前にありその夢はほぼ達成されたようだ。新宿裏のスナックに連れていかれ美声の朝鮮民謡「アリラン」を聞かされたこともある洒落た社長だった。

根本さんに紹介されて山本製本とも付き合いが始まった。上製本が多いので山本とは夥しい取引量となった。石川県から出てきた親父さんは職人も全部加賀・能登から採用した。同じ方言で似たものを食い、みんな近所に住まわせていた。同郷至上主義の古典的製本屋だった。毀れかかった『辞苑』や『六法全書』などを美本に装丁し直してくれたのも、ここのオヤジさんだった。山本が閉業したあとは誠製本にお願いし上製本のほとんどをまかせている。若い社長で末は長そうである。

カバーデザインは、初期は多田進さんやそのお仲間にお願いした。何人も関係しその数はかぞえきれない。その中で渡辺美知子さんが最古の人となった。この人も根本製本の社長の紹介だった。「いい娘がいるぜ、センスもいい」ということで面会し、もう三〇年近くもつきあっている。編集部の面々は穏やかに仕事をお願いしているが、激しい攻防を繰り返したのは谷口だったろうか。どんなことがあっても懲りずに続けてくれている。最近は奇抜な提案をする閏月社の徳宮峻さんにお世話をかけている。

本を作ったら告知しなければならない。新聞雑誌への広告は欠かせない。日経広告社は新田義範さんが長かった。後を継いでくれた久山桃子さんも他の部署の部長になってもわが社の担当を続けてくれている。この人、マンションのベランダで出来るゴーヤの実を毎年持ってきてくれるのがうれしい。東弘通信は中村卓也さん。朝日、毎日、読売等各紙、UP、歴研など専門誌に出稿するときは手を煩わせている。『出版ニュース』の広告は社長清田義昭さんの令嬢が集稿していた。『出版ニュース』は廃刊となったが出版界にとっては業界の前途を暗示する廃刊だった。

書籍配送は共和製本物流センターに任せている。ここの代表菊間賢一さんは同時代社の川上隆さんに紹介してもらったのだが、本に対する労りの眼差しが優しく、こういう人に管理される本は幸せだと思う。

金融機関も世話になった。江戸川信金、朝日信金、同栄信金等である。銀行筋と親しくなるのは、いいのか悪いのか。わが社は親しい部類に入るだろう。

出来上がった本の裏側で、かくも沢山の専門職に協力してもらっている。著者先生はあまり気にしていまいが、本は編集者と二人だけで作っているのではないことを心にとどめておいてほしい。この人たちの協力なしに本は一冊たりとも出来ないし、流通しないのだ。

編集者の感性を劣化させるもの

今年一〇の書籍を作っても在庫の一〇が売れていれば倉庫は満杯にならないはずだ。理屈ではそうなのだが、在庫は増える一方だ。ストック型の書籍が多いのだからそれは仕方ないにしても、増え方が異常だ。世間にはそういう悩みを突く商売がある。書籍倉庫業といって、出版社の本を預かり、入出庫から配送、改装、取次への請求書まで請け負っている。当時、わが社は自社倉庫に二人の社員を雇って本の出入りを管理していた。その経費もそれなりにかかる。思案の末、倉庫配送業者にすべてを委託することにし、二人の倉庫要員を減らした。すると、困ったことが起こった。注文書が業者に直接届くため、本社では誰が買ってくれているのか見えなくなった。どの地方からの注文か、誰からの注文かも判らず、在庫の増減しか判らない。読者がとたんに見えなくなった。

「書店が遠くて行けない」と言って、直接電話注文してくる読者がいる。たまに、なぜこの本が必要かと会話が始まることがある。友だちが持っていて自分も欲しくなったとか、試験に持ち込んでもいいと言われているとか、買いたくなった理由が判るのだ。これはごく少数の読者だがうれしい。

読者カードの挟まった本を手にしたことがあるだろう。あれには希だが、感想や希望や意見が書いてある。これも読者の反応として有難い。出版社の方でハガキを入れなくなったせいもあろうが、最近ではこの返信がほとんどなくなった。

メール全盛の世の中だ。編集部の中でも、誰と何を遣り取りしているのか他人には全く判らなくなった。電話なら声音や敬語の使い方、緊張度まで聞き取れたが、これも判らなくなった。

新入社員に、打ったメールの下書きを見せろと言ったことがある。個人情報だといって渋ったが強引に見た。敬語がやたらと多く、一見丁寧そうに見えるのだが、要領の悪い文言が連なっていた。書いた手紙も見たことがある。これも同様、小さな丸文字もさることながら意味が通らない。宛名の書かれた封筒も見た。何だっ、右上隅に、住所も名前も掃き溜めのように書かれていて異常に小さい文字だ。三分の二も白地になっている。優秀な成績で大学院を出てきた秀才ですよ。こんなこと何時何処で教えなければならないのか。

つまり、書く訓練と基本を全く身につけていない。国語教育に問題があると文部行政に異を唱える場面ではないが、まず書くことの意味と重さを教えてほしいものだ。文字をもって共同社会を作ろうとする出版社に居るなら、書字することの重さを考えるのは当然だろう。「書く」とは字《きごう》を書くのではなく文《ぶん》を書くことだ。書くことは「欠く」や「掻く」に通じ、石に刻してまで伝えようとする意志の強い表明である。この原理は本におきかえても通じる。編集者を自認するなら承知しておきたいことだ。

著者も原稿を書かなくなった。パソコンで打つ時代だ。「打つ」現場は正確には「さわる」か「触れる」にすぎない。さらにくせが悪いのは文字を書くどころか、選んでいるのだ。どの文字を書こうかという意思ではなく、提示されたものを選ぶという受動なのだ。「わ」とはどんな文字なのか。和・輪・話・環・倭……二一個も出てきた。パソコンは決して「書いて」

はいない。

もっとたちの悪いのは、ローマ字入力して漢語に変換していることだ。「ＷＡ」↓「わ」↓「和」「輪」……と変換するプロセスに何かを思考する時間が含まれているのか。でも文字は連なり、文章らしきものはできていく。手で書くときに起こる戸惑いや決意、ふんぎりの瞬間が物語られていないのだ。

脅迫文には印刷文字の切り貼りが多いらしい。「殺すぞ」と「殺」の字を書くとき手で書こうとすれば戸惑いが生まれ鈍る。決意にまで高めなければ第一画の「ノ」の字も書けない。当たり前だ。この恐さが手で書く文字の本質だろう。この頃の文学作品が情報は多いのに上滑りに感じられるのはパソコン作文だからではないだろうか。文学賞の応募条件が手書き禁止になっているとも聞く。そのせいだろうか。作家の簇生と多作、若年にもなった。悪いと断言できないが、違和感を感じている。

編集者を劣化させるものは「進歩」の中に隠されている。ＩＴの発達は編集者本来の営為を怠慢にさせていないか。パソコンを器機としてどう「使う」かは、これからの編集者の真価を決めるだろう。使いこなしているつもりが、無意識のうちに思考を乗っ取られてしまうからだ。編集者も著者も、失敗と反省、躊躇と決断を同伴しない思考では血の滴る「本」は書けないし、作れもしない。編集とは肯定↓懐疑↓納得↓決断を繰り返す仕事なのだ。編集者は記号の運び屋ではない。

小出版社の価値

会社を名乗っていれば決算は毎年やらねばならぬ。掟だから当然だ。このときに必ずやるのが在庫調べとその評価。在庫の量が増えている。経営のマニュアルでは年商の五割が適正と言われているのに、わが社はなんと一五〇%もある。倉庫の動きがとれないわけだ。本はいくら倉庫に積み上げておいても、読者に渡らなければただの紙束にすぎない。ここ何年か本が急に売れなくなった。売れない現象は常態だから慣れているのに、更に売れなくなったことが肌身でわかる。

出版は不況に強いといわれるが、それは嘘だ。出版も世間の景気変動に寄り添って浮沈してきた。特別な業界ではない。出版は文化産業だと満悦しているむきもあるが、食えなきゃ文化もクソもあるもんか。ただ、出版は平和産業であることは確かだ。平穏であるからこそ、拵《こしら》える方も読む方も、良質な知が培養できる。

世のため人のためと大上段に振りかぶって出版界に居続けてきたわけではないことは、すでに白状した。目の前に起こる事態を片付けているうちに四〇年にもなってしまったというのが本音だが、栗原にとって、食う手段を変更することは出来なかった。

少部数の本をつくり、少人数に読んでもらい、遠慮深い収入しか得られない出版活動だが、その中で感得したものはある。貧乏なのは少数の意見や研究を出版していることにある。読者も少数だ。たとえ著者が多売を願望しても、わが社の機能が多数用にできていないのだ。ここは著者にも判ってもらわないと困る。われわれの役割は、この少数者のための出版だということだ。どこの書店に行っても私の本が置いてないとか、売れないとか、そんな不平を言う前に、零細出版の置かれたポジションを理解してほしいのだ。

「発売、たちまち×万部」というような研究書に遭遇したこともないし、そういう欲望を持つ風土がない。なにかの拍子に初版が売り切れたとき「増刷するような本を作ったのは誰だっ」とまるで非難するかのような言辞が飛び交う。そう言いながら三〇〇部を増刷して初版の利益を帳消しにしていることは実話です。

だが、少部数向きの著者もいる。仕方ない、それはその人が選んだ課題によるからだ。マイナーな世界なのだ。それをつくり小人数の読者に届けるのがわが社の役目なのだ。極小出版の存在する意味と価値はどこにあるか。あちこちの出版社に頼み込んだがみんな断られ、途方に暮れている原稿がある。その一部が救われるのも小出版があるからだ。大出版社の勝手口で捨てられる原稿を待っているわけではない。積極的に小である意味を理解してほしい。

「そうだろう」と、飲み屋で一人呟いてみたが、ここ数年の売上推移をみると前途は暗い。

年々一千万円単位で下がっている。これは景気のせいでもなく、若者の活字離れのせいでもない。近所の同業も同じように呻いているが、唯事ではない。栗原は、足腰の鈍ってきた自分を自覚しギョッとした。折衝も狡いだけで新鮮さも可愛いさも失った。親しく力になってくれた先生は、多くが名誉教授となり隠居か老いた夫人のお相手だ。どうする。このまま倒れたり引退するにはまだ早すぎる。古い重役社員は二人もいるが、後継となる気力は残っているだろうか。自分の辿った過去を思うと、とてもそんなことは言いだせない。人と協同することの重さと責任を思うと、夜明けまで眠れなくなった。

会社は、こちらの都合で労働者を解雇する権利はない。みんなが食える場面を作り続けなければならない。株主配当する前に、税金を払う前に、守らなければならない掟なのだ。貧乏覚悟でいつまでやれるか。この「やる」ということは社員といつまで共働できるかを意味する。酒飲みすぎるなよ。一人で自分を励ますしかなかった。

六、出版は虚業に非ず――二〇一〇年代と今日あした

ある達成――友の死

正月が明けて間もなくだった。学生時代から親しくしてきた種井孝允から電話があった。会社のあれこれに紛れて暫く会っていなかった。「飲みに来い」とでも言うのかと思ったが、声が違う。「ガンの告知を受けた。話しておきたいことがある。顔をみせろ」と言うのだ。その晩、浅草の印刷工場に隣接する家を訪ねた。顔色はよかった。近所の飲み屋に誘われ、「嚇かして悪かったな」と言いながら本論にはいった。

「医者の言うことを信じている。あと数ヵ月の寿命らしい。仕方のないことだ。家や工場の始末は女房に任せた。おまいさんは蔵書を片付けてくれ。それと、葬式のとき会葬者に、オレが何者だったかをしゃべってくれ……」

死の覚悟を淡々と語る。そんなこと言うのはまだ早いよ、と言おうとしたが口にできなかった。そのかわり、「万事承知した」と言った。

それからは日をおかず顔を見に行った。その度に出る話題は、時間を共有した学生時代のことばかりであった。木村礎さんとの合宿調査のこと、古文書調査のため上州の元本陣に泊まりがけで通ったこと、川地清介との論争、あの娘この子の思い出批評、バンマスの家での徹夜麻雀、ストリップ小屋での栗原の仰天面……、古い話が次々に出てきた。中でも研究者にならず印刷屋になったことは最も時間をとられたが、教授との出会いの失敗や先輩、仲間に恵まれぬ不運などにはあまり触れなかった。

残された蔵書を見てもずっと学術書を読んでいたことが分かる。栗原の会社で出した本も何冊もあった。黙って買ってくれていたのだ。研究者の道を捨てたことへの拘りは凄まじいものがあった。彼は重く苦渋に満ちた道程を歩んできたのだった。怨念の聞き役は、この世に栗原しかいなかったのだ。

だが、それはもういい。

北陸から一人上京した彼の妻は「この人と所帯を持ててよかった。可愛い孫も大きくなった。昔と比べたら幸せ」と言う。こういう言葉を本人から聞きたかった。

人には「達成」という言葉がある。大論文を書いたわけでもない。何かの賞を貰ったわけでもない。印刷業は食うための生業だった。それが不満か。そうは思わない。社会のルールを守り、人びとに優しく、ひたすら生き、誰にも怨まれも、憎まれもしなかった。地域から好かれる妻や子たちを残したではないか。庶民の達成とはこれでいいんだ。悔いることなどあるものか。俺は君と出会ったことを忘れない。

　風よ静かに彼の岸へ　愛しき友を吹き送れ

二〇一〇年、桜の花の咲き誇る四月、種井孝允は上野の山で生き終えた。

訃報が続いた。直接の縁はなかったが専修大学の西川正雄さん。青木美智男さんからフランス革命に関する話を聞きながら話題になった人。著書『社会主義インターナショナルの群像』を読んだばかりだった。かつて、「パリコミューンのお尋ね者列伝」などをまとめようとしたこともあったので、話を聞きたいと思った人だった。

専修大学の青木美智男さんは、出張先の金沢で、ライブラリアン大日方祥子さんは最後の活動地信州鬼無里で、本庄高校の同期、専修大学の高木侃は『写真で見る三行半』を残し、太田の縁切り寺満徳寺近くで。

もっと話したかった人ばかりが先に逝く。

暗闇で生きる覚悟——東日本大震災

二〇一一年三月一一日（金）　神田神保町——

この日も普通に暮れていくはずだった。三時少し前、会社には全員いた。

突然。激しい揺れがきて地震であることを感知した。四囲にある書棚が前後に揺れ、机上の文房具が転げ落ちた。栗原の背後に聳える書棚がゆっくりと前のめりに倒れてくる。「社長っ、危ないっ」と片倉麗子の叫び声。木野村照美が走り寄り、潰されかかっている栗原を引きずり出す。全員でロッカーやコピー機を抑える。数分後、室内は書籍と文具やコピー用紙が折り重なった海だった。

吉田真也がスマホを点けると、津波の押し寄せている画像が出た。えらいことが起こっているのだ。これが東日本大震災が起こった日の社内の状況である。誰も怪我はしていなかったが、地震に過敏な谷口だけが生気を失って踞《うずくま》っていた。

これで終わりではなかった。電車は止まり、道路も人で溢れた。夕方、渡邊勲さんが「家に帰れない。泊めろ」と言って来た。斎藤邦泰さんもやってきた。帰れなくなった社員とともにコンビニで仕入れた貧しい肴で、あり合わせの腹ごしらえをして夜を明かした。この晩の事態は、渡辺さんが書いたルポルタージュに詳しく記述されている。

しばらくして東京電力の原子力発電所が被災したことを知った。後でわかったのだが、この原発事故はチェルノブイリ事故に匹敵するものだったという。

出版社は全国の書店に本を委託しているから事故・天災には、どんなときでも「書店さんは大丈夫か」と心配する。損得まじりの心配だが、これには敏感である。今回も取次店が音頭をとって対応した。わが社の本にも多少の被害はあった。

何十年も前から「原発は日本を滅ぼす」と諫言する人もいたのに、事が起こって初めて考え始める。今まで、無意識のうちに原発を容認し、寄り添ってまでいたのに「だから言ったろう」と急に進歩面をするインテリがいる。そいつも気にいらないが、原子力について鈍感だった自分にも気がついた。

この事故は日本社会の戦後を根本的に考え直すことを迫ったように思えた。ある人は「災後のはじまり」と言ったが、原子力エネルギーに助けられ戦後復興から成長を辿った、この日本はこれでよかったのかと問い直すことは必要だ。学問のあり方、働き方、家族のあり方、政治も経済も教育も、国家のあり方もだ。普段、「当然」と思っていることが「当然」なのかという問い。海も空も、空気、水、光、雨……これらを受け取れることは「当然」なのか。無意識、無自覚という罪を考える。

原発という稼働させても十分な修理もできないものを造ること、出てくる放射性廃棄物の処理もできないこと、これは神をも恐れぬ所業と言ってもいい。今始めなければならないのは、発電装置の精度を高めるよりも、この悪魔の装置を使わないで生きる方策だろう。「原発を稼働させなければ日本は潰れる」と脅迫しつつ恐れ慄《おのの》いているのは、成長しなければ生きられない資本の言うことだ。彼らの論理ではなく我らのルールをつくりたい。原発をなくしたら真っ暗闇になるというなら、月光の下で恋を語っていたほうがましだ。

この福島第一原発の崩壊は科学技術への不信にも似た不安感が広がり、われわれを立ち止まらせることになった。進歩すれば人々は幸せになれるのか。原子力の世界が広がれば広がるほど災厄を増やしていないか。

被災地、被曝地から届くTVの映像は、無表情な冷たい冷たい平面である。ここから連想するものは東京大空襲後の下町、広島・長崎の爆心地ではないだろうか。一瞬にしてすべてが消された戦争の記憶である。戦争には敵がいる。われわれはどんな敵と戦ってこの姿なのか。被爆国が自ら被曝している。

山本義隆が『福島の原発事故をめぐって』（みすず書房）で言い切っている。「原子理論は基本的に物理学者が実験室で発見したものだ。ヒロシマ・ナガサキ・ビキニで、人体と自然に対する「政治的な実験」を経て、巨大な技術となった。その巨大な技術の内実は、ほぼ永久に始末もできない膨大な「死の灰」を発生させ、いったん事故が起これば人間の手に負えない「未熟」な技術である」と。

しかし、震災と原発事故によってわれわれは顔を上げることができた。これまで俯いて、どうしていいかわからない日々を送っていたが、あまりの無惨に顔を上げざるを得なかったのだ。上げた顔の先に戸惑いつつも多くの真剣な眼があった。どうしましょう、何をしよう、それでいい。不安は話し合おう。何をしなければならないか考え合おう。それが始まりだ。

この悲惨に気づいたからこそ、あえて未来にかける勇気が生まれる。パンドラの箱に潜むエルピス（希望）を叩き起こせ。ガンバルのはニッポンじゃなくて人を信じる俺なのだ。

原発事故を目の当たりにして、そんなことを思った。会社の将来だの、後継者がどうだなどは、小さな小さなことなのだ。時代から逃げようとしている自分に気づき、自らを励ました。長くもない自分を、生ききることが大事なのだ。

この事故を知り、「本屋とは、何と急場に役立たない商売だろう」と思った。出来た本を送っても支援物資とはならない。金しかないのか。社員に呼びかけ義援金を募った。僅かなものに法人の金を足して送った。

震災関係書として、この歳の秋、青木美智男・中村芙美子編『善光寺大地震を生き抜く』、老川慶喜解題で『関東大震災 国有鉄道震災日誌』の二点を仕上げ、役にたつことを願って配本した。

満洲史研究者といったら狭義に過ぎるが、「大東亜共栄圏」の歴史学的研究者として原朗さんの名を知る人は多い。わが社でも何冊もの共著書がある。編集部の新井由紀子は原さん、山崎志郎さんらと仕事を進めるのが上手で、毎年のように著書が出されていた。

栗原が原さんと言葉を交わしたのは二〇〇一年のことだった。東京堂出版から「展望日本歴史」の一巻として柳沢遊《あそぶ》・岡部牧夫編『帝国主義と植民地』が出された。原さんの若き日の論文「「大東亜共栄圏」の経済的実態」（一九七四年発表）が収録されている。この論文は小林英夫さんの著書『「大東亜共栄圏」の形成と崩壊』（御茶の水書房、一九七五年）と編別構成が酷似しており、小林さんの剽窃行為が噂されていた。学会では噂はあっても、当否の議論はされなかった。原さんがそれを問題にしないことは不思議がられてもいた。

東京堂版に収録されるに際し、原さんは「追記」を書いた。「本論文の論旨と小林氏の著書とを冷静に比較吟味して独創性の有無について読者の判断を求めたい」と明記してある。それを見た栗原は「仇を討つなら加勢させてくれ」と申し出た。こんなヤクザのような言い種に原さんが応じる訳はない。原さんはニコリともしないで拒絶した。

時は仕事の忙しさに紛れてあわただしく経っていった。

二〇一三年、シベリアに抑留され当地で没した父の痕跡を探しあてた松岡将《すすむ》さんの著書『松岡二十世とその時代』を原さんに送った。日本の官僚たちが占領地満洲で何をしていたかが記録されているので、何かの参考になるかと思ったのである。すぐさま返書をいただいたのだが、その内容に仰天した。前半の本に対する感想は省くが、次のように続いていくのだ。修正も要約もしない。原文のママ紹介する。

……お礼を申し上げるところで終わりたいのですが、実は栗原社長にちょっとご報告しなければならないことが起こってしまいました。

東京大学出版会の例の拙著二冊（栗原註『日本戦時経済研究』『満州経済統制研究』）と、四年も前の私の東京国際大学大学院での最終講義を取り上げて、早稲田大学教授の小林英夫氏がこれを名誉棄損として訴えでた結果、私は公式に被告になってしまいました。思うところ多々あり過ぎて言葉を尽くせませんが、これまでも私は生涯をかけて悪しき業績主義との戦いを実践してきたつもりですので、これからも多分非常に長期にわたるであろう裁判の間、長年にわたって続いてきた学界の膿を根本的に摘出すべく、余生のほとんど全部はこのために費やすことになりましょう。

七月十日付の東京地方裁判所の口頭弁論期日呼出状及び答弁書催告状が一二日午前に拙

宅に届き、それによれば、第一回口頭弁論が八月五日午後一時五〇分、答弁書提出期限は七月二九日、ということでしたので、当方もやむなく七月一二日午後に弁護士と民事の委任契約書を取り交わし、訴訟に備えて準備書面を整えようとしております。

答弁書はすでに弁護士を通じて非常に簡単なものを送付済み、第一回口頭弁論も私自身は出廷しなくても良いそうで、現在は当方の弁護士さんたちに私の考えを十分理解して戴くため、連日長文の説明書を書き進めています。

今のところは自分の使える時間の三〇%を小林氏の著作の内容の吟味に充て、次の三〇%は自分の仕事を冷静に反省するために費やし、さらに三〇%は民事訴訟法と民法を実地に即した勉強の機会とし、ほとんど九〇%は訴訟関係に費やしておりますが、残る一〇%だけは、固い言葉を用いれば「神聖不可侵な個人の人権領域」として、学問をするために断乎として確保しています。さしあたり八月二四日に京都大学で開催する特別シンポジウムのために「東アジアの資本主義と欧米帝国主義」という報告を口語文で書き進め、同時にその前日やや小規模に京大院生諸君のためのワークショップで「近代日本の戦争と経済」という報告のレジュメを作っています。その他の『アジア・太平洋戦争辞典』の項目執筆や、老人に花道を作ってくれるはずだった今年一二月の同時代史学会共通論題「歴史としての高度成長」の報告は、事情を理解して頂いて、残念ながらすべて辞退させて頂きました。

私には夢見ていた出版の企画が実はもう一つありました。階級構造や国家財政、昭和恐慌などに関する昔書いた論文に、最近までの研究史を踏まえた論文をさらに書き加え『両大戦間の日本経済』というテーマにまとめて、近い将来、できることであるならば、永年お世話になりながら自分自身のきちんとした学術書の出版をお願いできていなかった日本経済評論社から出して頂けるかどうかをお伺いすべく、勝手に思い込んで、いつお願い申し上げようかと準備しておりました。しかし右のような事情で現在の私は毎日の時間のほとんど全部を訴訟関係に費やさざるを得ず、ご恩のある栗原社長や谷口さん、新井さんにこれを申し上げることは不可能になってしまいました。研究人生の最初に躓《つまず》いた石に人生の最後でまた躓くことになり、何とも言えない感慨を味わっております。

お礼の手紙に何とも野暮な話を申し上げることとなり、深く恥じ入るばかりです。

藤本治氏が『地のさざめごと』訴訟のあと出された『慰霊と反戦』を想い起こし、ただ空吹く風に想いを寄せております。社長にだけはこの想いをご理解いただきたく、蕪辞《ぶじ》を連ねさせて頂いた次第です。向暑の砌《みぎり》、どうぞお元気に社業にお励みなられますよう、心からお祈り申し上げます。　敬具

二〇一三年八月一日

原　朗

「仇討ち」どころの話ではない。裁判所からの呼び出しを受け、最も緊張している中での便りである。原さんは被告になって裁きの庭にいたのだ。

応訴した原さんとその支援者たちは、この後六年近くの闘争を持続し、二〇一九年一月東京地裁の判決が出た。誰もが勝訴を信じていたが、裁判官は原さんの敗訴を宣告した。すぐさま上告した東京高裁も十月もたたぬうちに再び敗訴を言い渡した。「歴史は、あなたにしか書けないものではない。誰にでも書けるものだ」「あなたの論文がなければ小林の本は書けないというなら、その証拠をだせ」という理屈である。学会内部の議論なら、こんな馬鹿げた論法の判決はできない。支援者は怒り、原さんは最高裁に上告した。

剽窃か否かは法律問題だろうが、その素材が学術論文にあるなら、その判定は学術の場で決着すべきものだ。裁判所が決めることではない。小林さんは場違いなところに裁きを委託し、一人の老学者の貴重な晩節を奪った。

栗原は助っ人にもなれず、ただ裁判所の傍聴席を温めるに終始したが「支援する会」は事の重大さにさらに真剣に取り組みを強めていった。原さんの闘いは法廷での白黒だけではない。学問の現場で執筆倫理が確立し、執筆の権利が保護されなければ、真の勝利とならないのだ。

二〇二〇年二月、原さんは裁判闘争の中間報告『創作か盗作か』（同時代社）と題して大作を発表した。石井寛治さんは推薦帯文に「本書は知的作業の正常な進歩を破壊する巧妙な一大盗作事件を告発する。すなわち、親しく指導してくれた先輩の歴史研究の構想と成果を剽窃した者が学界でその所業を暴露されると、逆に先輩を名誉毀損で訴え、原告の嘘を丸呑みした裁判官が訴えを認めたという学界司法界に跨《また》がる不祥事の記録」と断定した。

原さんの上告を受けた最高裁判所も下級裁の誤判を見抜くことができず「棄却」した。裁判は悉く敗けたが、原さんはなお言う。「最高裁が最後の裁判所ではない。「歴史の法廷」がその先にある」と。煮えくりかえるような思いを抱えて、小林さんの勤務先であった都立大学と早稲田大学にも判断を迫った。満足できる返答はなかった。この遣り取りを含めて『学問と裁判』（同時代社）をまとめ、裁判所と大学のあり方を糾弾した。

裁判の経過の中で何度かお会いした原夫人にも感動した。訴人に対する烈火の怒りを聞くと、原さんの同伴者に「この人あり」と胸打つものがあった。

栗原は傍聴に通いながら、原さんから教えてもらったいくつもの本を読んだ。小林さんの著書はもちろん原さんが大事にしている泉山三六《さんろく》の『トラ大臣になるまで』、藤本治『慰霊と反戦』や暗記してそらで言える幸田露伴の『運命』、イェーリング『権利のための闘争』……ダンテの『神曲』はまだ読んでいないが、裁判の傍らでいい勉強もし怠惰を戒めることも出来た。

原さんを支援する会の解散を聞いて、原さんのご苦労を慰労しようと、お友だち、獨協大学の西川純子さんが、「元気のでる会」を企画した。もちろん賛成した。応援団長たる堀和生さんも京都から駆けつけてくれ、明るい挨拶をしてくれた。

これからも学界では、剽窃根絶のための長い闘いが続けられるだろう。その中で、原さんの裁判闘争は歴史的な意味をもつものになるはずだ。

『不知火海民衆史』——色川大吉の置土産

色川大吉さんは、東京多摩地方を中心に自由民権運動の地下水脈を探しあてた人だ。「ふだん記」運動の橋本義夫、小田急の創始者利光鶴松、南多摩の民権家村野常右衛門など埋もれていた人々の足跡の中に民衆の生きる力を歴史化した民衆史家である。明治大の木村礎さんも多摩をフィールドにしていた時期があり、講義でも色川さんの話題はときどき話された。木村さんが多摩を撤退したあとも色川さんの三多摩歩きは続き、五日市憲法の発見にまでいきつく。色川自分史も書かれており栗原は愛読書の一つとしていた。いつか会ってみたい老学者の一人だった。

松尾章一さんは『服部之總伝』の執筆中から、その進行状況などを伝えていたようだった。二〇一一年秋、松尾さんから「推薦文を書いてもらうから、原稿用紙を色川さんに送れ」と電話があった。色川さんとの文通はこの時から始まった。東京大学出版会の渡邊勲さんと話しているとき、そんなことを漏らしたのだろう。名著『北村透谷』（一九九四年）を刊行し色川さんとお近づきになっていた渡邊さんに面会の仲介をお願いした。

翌年秋、渡邊さんに同伴をお願いして、八ヶ岳の山荘を訪ねる。九〇に届こうとする歳なのに色川さんは小淵沢の駅まで自らジープを運転して出迎えてくれた。駅前のうなぎ屋「井筒屋」で小休してから、森林を走り抜けご自宅へ。誰の設計か住み心地よさそうな洒落たつくりの洋館だった。渡邊さんがいたせいか、色川さんは心を許してくれたように思えた。松尾さんの「服部伝」の原稿《ゲラ》も届いておりその感想を漏らした。「超大作ですね。売れないでしょうね。出版社泣かせですね」……さっき会ったばかりだが、その率直さに嫌味はなかった。その折、少年時代から書きためている日記の書架を見せてもらった。これがあるから何でも書ける、とちょっと自慢そうでもあった。一架を埋める量である。

翌年から色川さん自身の本作りが始まり、『近代の光と闇』が一三年正月に出来た。『色川大吉歴史論集』と名付けた。以来ほぼ年に一冊の割で上梓した。『人物論集』『時評論集』『対談集』。また五日市憲法発見にまつわる千葉卓三郎や日本国憲法についての論集を、お弟子の江井秀雄さん、新井勝紘さんとの共著で『五日市憲法草案とその起草者たち』と題して上梓してくださった。このすべての編集進行は慣れない手つきで栗原が負った。そしてこの過程で色川さんとのやり取りを温もりの中で過ごしていた。何十通も手紙とメールの往復があった。色川さんは即答を好む。もたもたしていると「生きてるのか」と催促がきた。だが、頂く便りの箋末には「渡邊さんと遊びにおいで」「ホテルは二つもあるよ」というようなお招きのことばを記す気遣いも感じられるのだった。

こんな交流の中で色川さんの「不知火海総合学術調査」を知り、その団長を勤めたことも知った。市民運動でも先頭にたち、千葉佐倉にある歴史民俗博物館の設立でも体を張り、水俣問題でも力を尽くした色川さんだったのだ。石牟礼道子さんの著作や水俣闘争関係の資料を読み、「自分史」だけの色川でないことを思い知り、筑摩書房が出している『水俣の啓示』も未完成であることを知った。色川さんにそれを話すと「水俣については、まだたくさんの資料が未完だ」という。

栗原は、意を決し『不知火海民衆史』の決定版執筆を要請した。返事をもらった。

鹿野政直さんが、（未完の）『不知火海民衆史』には「色川民衆史」の精髄が詰まっている最大の傑作だと評価している。その未完の二五〇枚に、その後の聞き書き四篇（東経大の学会誌に発表済み）の論文を加えて『不知火海（水俣）民衆史』の単行本化を考えた。これだけは惜しい労作なので検討してくれるか。私の学問的研究の最後の金字塔になると思う。

（要旨　二〇一七・一一・二〇受）

この手紙には色川さんのガン手術の予定が記されている。何日諏訪中央病院に入院、何日青木医師の手でガン手術、何日退院予定……。色川さんはガンと闘いながらこれを認めてくれたのだ。

会社の景気はよくない。それは分かっていたが栗原は「水俣一件」を編集会議にもちだした。谷口京延が即座に反応した。

「色川さんの連作本は売れたのか」

既刊五冊の販売成績表が出され、「水俣も出したいならどこかの補助金を考えろ」と言う。みんなそれを支持する雰囲気。資金繰りの悪化していた栗原は唇を噛んで黙った。

先生、雲行きが悪い、どうしよう。そのとき書いた手紙は次のようなものだった。

色川大吉先生

入院される前に〇月〇日退院予定！などと、希望的予定を伺っておりましたが、予定通りに事態は進行したでしょうか。今日、退院できましたか。お伺い致します。

先便にて「不知火海民衆史」に関する、先生のお心づもりを聴かせていただきました。私も、昨年中より先生との次なる仕事は「水俣だ」と存念しておりましたので、安堵もいたしました。……昨年より筑摩版『水俣の啓示』に収録された「不知火海民衆史」前編をパソコンに入力しておりました。入力しながらも、後編は書き足されるべきものだと強く思っておりました。鹿野・安丸（良夫）両先生が評価されていることにも納得しております。そう思い、小社の編集会議でも何度か取り上げて参りました。私自身もこのような本を手がけたら、生臭い本屋の仕事から手を引こうとも思ったからです。……ですが、イロカワの名も知らず、ましてやその著作など一冊も読んでいない人びとは、先生の業績や言説は評価できないでしょう。危険は感じておりましたが虞れは現実となって私をとり囲みました。会議で、「わが社は苦境だ。能書きよりも販売成績が大事だ。それを承知か」と迫られました。異論はありません。「食って生きて仕事だ」、それは承知しています。「月給も出さずに好きな本を出す気か」と言われると絶句します。

弱っているところに先日の先生からのお手紙でした。「景気がよくなってきたら出しましょう」などと言える段階ではありません。……

（既刊書四点の販売成績を示す。略）

専門書の世界では、大変が起こっております。ほとんどの研究書は助成金なしには出版できなくなっております。研究者も辛いと思います。「貧乏では本も出せない」という状況です……

（要旨　二〇一七・一・三〇）

無礼な手紙を出したものだと思うが、この時ほど余裕なく経営していることを寂しく思ったことはない。色川さんは気も悪くせず返書をくれた。

……不知火海民衆史の入力コピーと長文のお手紙頂きました。ありがとうございました。わたしの売れなかった本のため、ご苦労をおかけしていたことを、お詫びいたします。……会社の力と私の責任と、半々だという感じです。最大の理解者、栗原さんには、ただただ申し訳なく思います。「不知火海民衆史」は、貴社に御願いすることは、今回は断念します。いずれ、死後、誰かが、いつの日か、私の著作集を計画されたとき、これを合わせて採用するかもしれません。どうか、ご放念ください。それより、春、爛漫となったとき、渡邊勲さんと誘い合わせ、当地で、ささやかな祝杯をあげましょう。

「祝杯」とは色川さんの慰めを込めた冗談だろうが、涙で割った水割りなど飲みたくない。しばらくして、最初に出した歴史論集『近代の光と闇』が花巻市が創設した「宮沢賢治イーハトーブ賞」を受賞し、盛大な授賞式に招ばれたと嬉しそうに知らせてくれた。

二〇二一年九月、東京経済大学より色川さんの訃報がもたらされた。九六歳だった。翌年、沖縄在住の三木健さんの編集によって追悼集『民衆史の狼火を』（不二出版）が纏められた。

また、色川さんの最後の著書となる、そして自費出版による『不知火海民衆史』（上下二巻）は二〇二〇年一〇月、八王子の揺籃社より刊行された。同社は橋本義夫によって生まれた「ふだんぎ」運動の発祥地である。自分史が盛んになる原点でもある。色川さんが、岩波でもなく、中央公論社でもなく、なぜ揺籃社を選んだのか。誰の説明を聞かなくても、栗原にはよく判る。六五〇〇頁にのぼる大著だ。色川さん、期待に応えられずごめんなさい。

『服部之總伝』始末

二〇〇七年に『服部伝』の原稿を受け取り、そのデータ入力が終わったのが二〇一二年の年明け。松尾章一さんのつくった原稿は、資料コピーの糊づけと細かい字の挿入があり、そのままでは印刷所に入れられるものではなかった。栗原は休日や夜なべをしながら、読み込みと入力に没頭した。入力が終わってみると二〇〇〇頁を超す分量だった。一冊の本にするのは難しいと判断し、谷口とともに思案した結果「人物篇」と「学問篇」に分けて出そうと決めた。三月の末、京王線高幡不動駅そばの料亭で松尾さんに意中を伝えた。ご本人もこの膨大な著作を一どきに刊行するのは困難と思っていたらしく、涙ながらに了承していただいた。

分冊と決めても、ただ半分にすればよいということではない。さらに手をいれなければならない。その完成原稿が手離れになるのは二〇一五年の一月だった。服部没後三〇年を記念して作った『服部之總・人と学問』を上梓してから二七年の月日が流れていた。長くもどかしかったが、途中、「やめよう」と思ったことは一度もなかった。

半分に減らしたとはいえ、大作には違いない。誰が編集を担当するか。それが編集会議で議題になったとき、つきあいの長さと深度において、当然谷口が担当するだろうと誰もが思った。だが、当の谷口は何を思ったか「今回は降りる」と真っ先に意思表示して会議の座を緊張させた。「なぜだ」と訳を聞こうとすれば会議は紛糾したろう。その後、いくつかの経緯はあったが、清達二が担当してくれた。

「二月一八日」とノートにある。清が編集に着手した日だ。栗原はデータ入力はしたが校訂をしたわけではない。誤記の訂正や確認すべきことは夥しいに違いない。清が担当してくれることに、言いようのない安堵を覚えた。編集が軌道に乗り出したころを見計らって、清を伴い松尾宅を訪問した。この先の円滑な進行を願っての訪問だった。

松尾さんの原稿は既に刊行されている書物からの引用も多い。転載の許可をもらうことでも結構な手間がかかった。清はそれらの悉くを裁いていった。清は納得できない記述については、国会や法政大学の図書館に足を運び、徹底的に疑問点を解消し、編集者の任務を全うした。

山も谷も越えて松尾章一編著『歴史家 服部之總――日記・書翰・回想で辿る軌跡』（九八〇

頁）が出来た。製本屋が見本を届けてくれたのは二〇一六年九月八日の朝だった。ずっしりと重い本だった。「あとがき」に清への労わりのことばが記されていた。

出版祝賀会が開かれた。アルカディア市ヶ谷に民権研究者や教え子が集い、松尾さん生涯の大仕事の完成を祝った。来賓の一人東京大学名誉教授の宮地正人さんは、服部之總の明治維新論の今日的意義を話したあと、松尾さんとの世代的隔たり、松尾さんとの服部評価の違いを感じていたのだろうか、祝辞で次のようなことを語った。

「……歴史の分野でも研究者の世代的意識が変わってくることは仕方のないことだと思っています。私などの世代は、戦中を少年として体験した松尾さんたちの世代とはちがい、戦後第一世代の研究者と呼ばれることになります。私の印象としては、一九七〇年代半ば以前に歴史研究に入った者と、それ以降に入った者との質的ギャップはかなりなものがあるという印象を持っています。彼らの史学史的区分から言えば、それは戦後歴史学から現代歴史学への発展ということになるのでしょうか。私のような戦後第一世代の者からみると、本当にそのように発展しているのかどうか……」

歴史も歴史学も変容していく。松尾さんも前期の歴史家の範疇に入るのだろうか。

この日、栗原は膵臓治療のため東大病院に入院中であったが、娘のサポートを受けて出席し、この話を聞いた。服部之總について、松尾さんのように拘わり続けた研究者はいないし、これからも現れないだろう。体調を崩した松尾さんは、この日を境に公的な場面には姿をみせなくなった。一生の疲れが出たのだろうか。日野の自宅から一度だけハガキをもらったが、それはご自身の手によるものではなかった。したがって、この記念会は、栗原が早くに知遇を得て一家ぐるみで交歓した一歴史家との別れの日にもなったのだった。

新体制の出発

編集部で特異な存在であった谷口京延の挙措に変化が現れた。原因は母が施設で惚けたことにありそうだった。人を人とも思わぬ、あのヤンチャな態度は残しながらも、それが少しずつ勢いをなくしてきたのだ。丸くなったと言えばきれいだが、それとも違うものだった。ある日、母の反応がおかしいと伝えてきた。「同じことを繰り返し言う」「昔のことを昨日のことと思ってる」らしい。九〇歳に近い能登に育った媼《おうな》だ。仕方あるまい。

北風の強い日だった。谷口と連れ立って施設に見舞った。一見何も変わったところはなかった。谷口がこの社に就職して間もなく、「東京でこの子に嫁を探してくれ」と言われて、「いいとも」なんて豪語しなければよかった。ここにいる息子はいまも独身だ。谷口は家に帰ると栗原のことを何かと話していたようだ。お袋さんは、そんなそぶりで対応していた。

この日の帰り道だった。北浦和の蕎麦屋で谷口が奇妙なことを言った。「この会社の将来はどうなるのかねえ」。真意は分からなかったが「谷口のいなくなった会社」のことを言っているようで「大丈夫だよ、会社など、生きたいと思う人がいれば続くもんだ」と応じた。谷口は自分がつき合ってきた著者先生をどう引き継ぐか心配しているようだった。

著者や研究者を引き継ぐなんて出来るのか。あなたが築いた人間関係はあなたのもので、一晩飲んだくらいで他人に継承できるものか。そんなこと心配するな。それぞれが作れるし、作れなければ出版は続けられない。大丈夫だよ。それより、ちっとも面倒みなかったお袋のために定年後はゆっくりしろ。栗原は真顔で言った。谷口は不満そうだったが、口答えはしなかった。

空前の出版不況だという。学術出版に至っては絶後の落ち込みだという。わが社もそれに随伴している。時代が急転回しているのだ。栗原は激しい不安に襲われた。企画の善し悪しではない、営業戦略の当否ではない。時代の価値観が読めなければ従いていくことはおろか、路傍に落伍するだけだろう。谷口の弱気な言葉を聞いたせいでもあるまいが、栗原にそんな恐怖感が湧いていた。

二四年も在籍した経理総務の片倉麗子に定年がくる。勤続二〇年を越える木野村照美も来年には定年を迎える。清は先ごろ定年を過ぎている。谷口にいたっては四〇年を数えようとしている。団塊の世代に生まれた者で固めてきたのだから、こうなるのは今分かったわけではない。栗原はこの人たちが辞めたあとを想像すると孤立さえ感じた。

積極的戦略ではないが、新人との全取っ換え、若返りしかない。栗原は二〇一六年夏、定時株主総会において「社長退任」を提議した。異を唱える者も質問する者もいなかった。咳一つせず賛意を示す小さな拍手が鳴った。

総会は次期社長に柿﨑均を選任した。栗原の女婿である。柿﨑は一九九七年秋に他業界から移籍してきた異色の青年である。全国の書店、図書館、研究室を回り、この業界で二〇年を生きていた。栗原とは世界観、人生観の違いはあったが、キャリアに不足はない。これからの時代に生きるセンスは栗原の比ではなかった。時代を読めなくなった栗原を跨ぐのは柿﨑しかいない。無理を言えるのも彼しかいなかった。

柿﨑は栗原が退任するに当たって言った言葉、「俺の轍を踏むなよ」をどう理解したろうか。「轍を踏むな」といっても丸っきり踏まないわけにはいかないだろうが、許せるところだけを踏めばいい。謙虚さがあれば新しい社員とともに進めるだろう。社長とは一機関だ。慣れれば個性も出るし、度胸もつく。

人事に関する記述は難しい。事実だけを書く。

編集担当重役として残った谷口は、新体制の中で重要な任務を負った。下降曲線を描く現状を少しでも上昇に向けておきたい。柿﨑日経評を少しでも希望の持てる方向に向けておきたい。最後のご奉公と思ったに違いない。新企画の構想も継続進行中の企画も全て柿﨑に開示し理解を求めた。また社内人事にしても、生き方に悩む女子社員の相談に乗ったり、新規採用者の手配などにも力を尽くした。年老いた古い著者ではなく、気鋭の新人著者との接触にも意を用い、会話の中に聞きなれない研究者の名が増えていった。

出版社では「著者の開拓」などと表現するが、新しい著者との関係を耕し、研究しているテーマを理解することだ。これは難儀な問題で、関係は「お譲り」されたからといって深まるものではない。「ウマが合う」「気脈が通じる」「波長が合う」などは個々が作り上げるものであるから、手軽なことではない。

著者も業者も出版社という法人とつき合っているのではない。固有名詞をもった「人」と交わっているのだ。その結晶が本なのだ。ここにこそ、出版が虚業ではなく実業たる所以がある。実業とは、目に見えるものばかりではない。見えないものでも確かに実在する、新しい価値を生み出していくことだ。

「あと五年の時間があったらなあ」と呟く谷口に「何を言うか。もう間にあわん。これから五年も居続けてはいけない。観念して次世代に託そう」と言って身の回りの整理を促した。谷口もその気になった。最後に手がけた榎本珠良さん編著の本『国際政治史における軍縮と軍備管理』刊行では、学会「武器移転フォーラム」の会場で榎本さんから花束を贈られ、仲間たちに挟まれ、いい顔で記念写真に収まっていた。

谷口は二〇一七年春、満期定年を迎え、円満に退社した。振り返ると、全刊行物の三割を担当してくれた彼だった。

谷口京延の死

浦和警察から電話があった。誰だって何ごとかと思う。谷口の死を報せるものだった。母も先年亡くなっている。谷口はマンションで一人眠ってしまったのだ。縁者は能登七尾にしかいない。遠い。柿崎が全てを手配し、駆けつけた遠い縁者とともに直葬した。急なことで誰にも知らせることができなかった。柿崎は、谷口が最も親しくお付き合いした老川慶喜さんと相談し「送る会」を企画した。出版クラブに駆けつけた百名を超す参会者は玄人好みだった谷口らしく、その道で一門を成した専門研究者が多かった。何十年か前に机を並べた元同僚も駆けつけてくれた。栗原は参会者の前で谷口の最期の様相を報告したが、顔は青ざめ口ごもり、内容は支離滅裂だった。

ブックデザイナー渡辺美知子さんのお力添えで『編集者谷口京延』と題した冊子をつくり、一人ひとりに手渡した。一〇人の方に追悼文をお願いし、併せて谷口の手掛けた仕事の一覧をつけた。一覧の中に自分の著作を見出し合掌する人もいた。寄稿してくださったのは次の方々である。

老川慶喜　私の鉄道史研究とタニさん
横井勝彦　共にあった三十年
上山和雄　谷口さんの「噂」と私の「噂」
大門正克　一九九〇年代の谷口京延さん
柴田善雅　単著七冊、谷口氏の熱き加担
鈴木信雄　出版に生きる覚悟と諦念
小室正紀　研究会を育てた編集者
小野塚知二　広告と約束
篠崎尚夫　タニグチさん
高島修一　お名前は何と読むんですか

それぞれが谷口との出会いや共同した仕事について思い出を記してくれた。「経済思想シリーズ」を企画編集してくれた、千葉経済大学の鈴木信雄さんは、出版人として生きようとする若い編集者の苦悩についてふれ、「谷口さんは、自らを持て余しながらも、何か途轍もなく遠大な構想を心の中に想い描き続け、下界を睥睨しながら、それを纏め上げんと欲していたのであろう」と追悼した。谷口を深く理解した悼辞である。

栗原も悲痛な思いで一文を草した。軌道を外れることも多かった二人だが、外れた車輪をもはや戻す必要はない。

【何が君をそうさせたか】

東京・新宿黄金《ゴールデン》街に「石の花」と名付けられた反戦バーがあった。君を連れ出し、何ごとかを議論した最初の夜だった。

横田めぐみさんの拉致事件についてだったか、それとも、君の故郷の力士・輪島の優勝についてだったろうか。定かでない記憶をたどると、やはり君は少年時代の自慢話をしていたように思うのだ。スポーツ万能、学力優秀、身体頑強と、まるで君は非の打ちどころのない少年だったように、自らの幼時を描いて見せたのだった。

私は聞き役だった。君はそれを快く感じたのだろう。それまでは母にしか自らを誇ることのなかった君は、初めて他人に話すことができたのだ。私はその自己紹介を愉しく聞いた。一九七〇年代の終わりのことだ。以来、長い交わりだった。

私はハイデッカーだのヘルダーリンなど読んだことはない。このややこしそうな先人のことを、君はいとも簡単に説明してのけるのだ。したり顔をして聞いていた私は飲み屋を出ればすべて忘れた。

会社が倒産しかかった。多くの社員が辞めていった。君にも同業出版社からお声がかかってきた。私には止める権利も力もない。なのに、君は残ってくれた。溺れている犬に石を投げるわけにはいかぬ、と。君が生涯で示してくれた最大の友情であった。

一九八〇年代は会社が君に最も苦労を強いた時代であった。君は哲学を捨て、社会経済史について多くの本を読み始めた。「会社のために学びなおすのだ」と言い放つ君に鬼気さえ感じたこともあった。また、原田勝正、野田正穂、青木栄一の鉄道三博士と青年学者老川慶喜さんと深く交わり、鉄道史資料の刊行に力を尽くしてくれた。一九八巻にもなる。今、鉄道史に関して右に出る出版社はない。この偉業は鉄道史学会の結成にまで連結していったのだ。これら鉄道史に関する書籍の集積が、会社経営に果たした役割は測り知れないものであった。

君を会社の重役に推した時、「名ばかり重役か」と自嘲した君だったが、そうではない。それを裏付ける実績があったからだ。君はそれを誇示したことは一度もなかった。

君は四十年もの間、妖しいこの会社に身を投じた。生涯に近かった。もちろん、君の実績の陰には泣いた人もいよう。罵声を浴びせられた人もいたろう。酒を無理強いされた青年は無限に近かろう。それらは、生き方の硬い君が示した世俗に対する愛の表現だったのか。重い問いを残してくれた君だった。

二〇一九年初夏、君は誰にも別れを告げず逝った。そんな馬鹿なことがあるか。もう少し君の声を聞きたかった。こんな文章も書きたくはなかった。そんな私の切ない願いを無視して、君はいないのだ。この世の定めと受け止めるが、君のような見事な死に方を知らない我らは、なお生き続ける。それは君への供養になるのだろうか。

愛しきタニよ、彼岸の酒亭で俺を待て。わが胸中は石に刻さず紙にも書せず、ただ風に乗って霧と化せ。

（二〇一九年七月二七日）

栗原を「社長」とは呼ばず「大将っ、アニキっ」と呼び捨てた谷口京延との永訣であった。

さらば神保町

古い者が辞めれば展望が開けるのか。見た目が新しくなったとて、それだけで明日はこない。だが、そこを退くことは大事だ。古い者が退かなければ新人の座る席がない。栗原はPR誌の「神保町の窓から」欄を借りて「あいさつ」を掲載し、社長退任を告知した。いつも同じようなことを言ってるので文章は間引いてある。やりきった感のうすい文章だが、この時の心情がでている。

【ごあいさつ】

（前略）……一九七〇年、慕う先輩の野望に同調し日本経済評論社が始まった。出発から何年かは社業は軌道に乗らず、持ち帰る給料もわずかであった。新妻は悲しい顔はしたが、洋々と出社するわたしの背に微笑みを投げかけてくれた。生まれた子たちは何も知らずにオモチャを強請《ねだ》った。快い人間関係、という観点からすれば、一九七四年ころ、経営史の大家明治大学の山口和雄先生に遭遇したことだ。研究者、学者という職業を選んだ人に対する見方が変わったように思う。一見何の役に立っているか判らないが、学問する人々を畏敬の念をもって見るようになった。………

先生方に親しく接し、話を聞き、ともに喫茶したとて拵えた本が売れたのか。一九八一年、在庫の山に押し潰されそうになり、会社は危機に見舞われた。いろいろなことが生起したが、わたしは人として鍛えられるいい機会を得た。冷酷な銀行、離れる業者、非情な著者、誰も寄りつかない。わたしは、どこまで続くかあてもない泥濘《ぬかるみ》の中で社長職を抱擁した。今も在職する谷口と清、そして入江だけが残ってわたしの末路を見届けようとしてくれた。骨拾いというな、この三人はこの社の復活に青春を賭けてくれたのだ。……会社は持続し今日の朝を迎えた。

去る月、決算総会を開き、来し方の営業成績を展覧し、株主様の意見を聞いた。会社は拡大・成長したとは言えないが、持続し、その存在を小さな世間に認知されたことを評価していただいた。続いて議題となった人事改選でわたしは代表を退くことにした。肉体の摩耗の所為ばかりではない。歳がもたらす耄碌的発想や使用言語の特異性などが、しばしば指摘された。……対話不能。……勉強して追いつくものではない。もう取り返しはつかない。新しい時代の舵取りは新しい知性やフィーリングにしか出来まい。わたしは退任を決心した。商売よりも人との交歓を価値としたわたしの所業の始末だ。お世話を掛けっぱなしで何等お応えできませんでしたが、退任の儀、ご理解いただきたくお報せ申しあげます。……

何か寂寥感でも漂っていたのだろうか。これを見た学界の大御所から便りをもらった。「あなたがいなくなっても、作ってきた本の数々は生き続けますよ」。この慰めにも似た言葉は栗原を涙ぐませたが、どうにかなるものではない。「引っこめ〜っ」と野次られる前の、自作の退路であった。

全てを維新する！　柿﨑新社長の決断は早い。社屋の移転から着手した。神保町の賃貸ビルは苦境の時にも居続け四〇年を越す。あれこれ世話をかけたものだった。

神田駿河台、錦華公園の坂を上り、山の上ホテルを過ぎたところに白亜のビルが建つ。ここが新たな拠点だ。文京地区でもあり、周囲には学校が多い。庭先に出れば東京西郊が一望できる。ここから日本経済評論社の新時代が始まった。

最大の財産は、数百名にのぼる著者と、きつい注文に耐えてくれた業者だ。いかなる時にもこの社を支えてくれたみなさんだ。この先、どれだけ理解し、また理解される関係が作れるか。この努力を怠ることはできまい。幸いにして、現有の社員は皆覇気に満ちている。これに謙虚と誠実を加えていけば、前途は開かれていくだろう。社長を押し立て前進することを願っている。

踏み越えてきた五〇年に増して、突き進む五〇年への、各位の温かいご支援を願うばかりである。

残　余

会社を辞めたが死んだわけではない。下手くそなりにもう少し生きたいと思った。

二〇一七年五月、栗原は僅かな知り合いに次のような親書を送った。

神保町から西神田へ――

（前略）……昨秋以来呻吟して参りましたが、今般、日本経済評論社の一線での活動から退くことを決しました。私とともに古参は全て退き、日本経済評論社は若き出版集団として新生し、学会のお手伝いをつづけるつもりです。お導きくださいますようお願い申しあげます。

私、この弱体にいかほどの智慧と力が残っておりましょうか。幸いにして本の街近く西神田に、これまた零細なるも出版に特異な血を燃やす青年がおり奇縁を得ました。

同時代社。世界がもつ解きがたき難問に対して精力的に問題提起している出版社です。ここに編集企画室なる居場所をつくっていただきました。ここを根城にもう一舞の狂言を演じたいと構想いたしました。いずれお訪ねし、お力添えをお願いいたしますが、まずは書中をもってお知らせ致したく一筆認めました。お気にとめおかれましたら幸いです。これからの拠点は西神田です。……

数人からハガキが来た。「体に気をつけて余生を送れ」とか「あん時ゃありがと」といった別離の言葉ともとれるものが多かったが、神保町からいなくなることを喜んでいるものは少なく救われた。

「一舞の狂言」と強がりを言って同時代社に転がり込んだ栗原であったが、そうは問屋が卸さなかった。日本経済評論社を背にしてこその栗原であった。そこでの経緯はもう話さない。ただ、ここでは、以前より親交のあった兵藤釗さん（埼玉大学学長・成城学園学園長・東大名誉教授）の回想録『昭和史を生きる』と、原朗さんの裁判記録『創作か盗作か――「大東亜共栄圏」論をめぐって』の二冊には、心も時間も込めてとり組んだ。これが本づくりの最後となった。

往生際が悪いのは傍迷惑だ。もう藻掻くのはやめよう。

それでどうした。

何してるんだ。

今は、下総の茅屋《ぼうおく》に起居し、「破笠経年　志在千里」とか「雨ニモ負ケタ　風ニモ負ケタ　雪ニモ　夏ノ暑サニモ負ケタ　ソノウエ戦争ニモ負ケタ……」などと墨書したり、陽が落ちれば過去を肴に独酌する日々である。

生命を永らえさせてくれた世間に感謝しています。

亡きお袋にも感謝しています。

謝辞――あとがきにかえて

会社離脱を機に日本経済評論社の「五〇年」を書き、第一稿を在職社員に読んでもらおうとしたが、「聞き飽きた話は読みたくない」とか「これは事実と違う」などと一瞥のもとに酷評された。その中で、「歴史を語るなら、現役社員を励まし、希望をもたせるものでなければいけない」「自分だけ偉そうだ」という指摘は胸に刺さった。がっくり来て、二年ほど考えていたが、思い直して再び筆をとった。

考え込んだ挙げ句だが、結局、このようなものになった。自己肯定と自己否定の繰り返し、つまり矛盾に彩られた足あとを吐露したに過ぎなかった。矛盾とは飛躍のエネルギーを生み出すはずだが、そのように稼働させることができなかった自分を発見・確認した。

だが、日ごろ「過去に目を閉ざす者は現在に盲目になる」と言い聞かせている私は、何よりも一番に、今、日本経済評論社に在籍する諸君に読んでもらいたかった。会社が持つ過去の恥部を知らずに今を語ることは空虚である。このことを受けとめてほしいのだ。

職業としては一生を出版の世界に費消したわけだが、多くの人に出会った。その時々の衝突と摩擦は裕かな気持で思い出せる。著者や業者、出版の仲間、交換した名刺は数千枚を超えている。すでに記憶の外になった人もいるが、いまも心に生き続けている人は多い。それらの人々がこの矛盾に満ちた人生を支えてくれたのだと思うと、知らずに冒していたに違いない非礼失礼を詫びたい。「いまさら」とお叱りなさるな。それらの人々に詫びと感謝が伝えられたらこれに過ぐる喜びはない。

五〇年を越えたこの日に、私の坐る椅子はないのに、「五〇年」を語ることを黙許した日本経済評論社並びに柿﨑均社長の寛容には感謝しかないが、会社があり続ける限り私もそこにいるような気がします。


校訂の労をとってくださったお三方に感謝いたします。

本書の記述に無意識な誤記を防ぐために、畏友宮野芳一氏と、孤軍の将原朗先生に一読をお願いいたしました。また、日ごろから、言動についてご批判頂いておりました小林和子先生には本書総体が持つ感情過多についてコメント頂きました。心細さが減りました。それでもなお容赦できない部分があるとすれば、その余はすべて私の責めに帰します。お三方に篤く御礼申し上げます。

「過去は忘れ去るためにあるのだから、全て胸に秘めておけないのか」と出版に首を傾げたのは、長途を共にしてきた女房好子だったが、最後は容認しました。

みなさん、最後までありがとうございました。

長い間、お世話になりました。再びお会いすることがあるでしょうか。

さようなら。

どうぞ、穏やかにお過ごしください。

二〇二三年一〇月一日

栗原哲也

五〇年を支えた方々（年代順）

【社　員】

・1970～1980年

高橋泉　伊部公子　柳沢てる代　宮野芳一　波多野清　兼岩瑤子　角田英治　山田優子　池上正子　内田啓吉　小泉俊一　関根幹男　斎藤恵子　鈴木朋実　久保田美千代　清野成美　遠藤洋子　伊藤公子　小湊智子　小早川光　片倉和夫　谷口京延　智田節子　阿久津由路子　原田明典　金箱つね子　木村真木　碇真由美　瀬川信一　酒井眞由美　佐藤雄一　樋川みゆき　齋藤美智子　入江友子　齋藤邦泰　清達二　隅田真　不二伸一　岡村豊子

・1981年～

谷口京延　入江友子　清達二　山崎恵子　鈴木正彦　小島茂雄　中村優紀子　上野教信　五十嵐美那子　高橋千佳　宮野芳一　松永尚江　土方規義　新井由紀子　内田啓吉　栗原麻姫　塩澤雄二　菊地チヤ子　杉渕共代　中村孝子　片倉麗子　近藤すみえ　阿部一浩　小川宗也　奥田のぞみ　木野村照美　柿﨑均　岡田由里子　仲程富美子　安井梨恵子　吉田真也　渡邊豊　梶原千恵　吉田桃子　鴇田祐一　田村尚紀　乙黒留美子　中村裕太　宮川英一

【監査役】番匠雅之　大日方祥子　池一　鈴木正彦

【法律顧問】真下博孝　小池国際特許事務所

【税務顧問】八幡会計事務所

【運　送】早稲田出版サービス

【印　刷】
文昇堂印刷　高長印刷　牛込印刷　平河工業社　太平印刷社　東京印書館　青木印刷　三松堂　白橋印刷　耕文社　富士印刷　叶井プロセス　西武印刷　三栄印刷　文化交易　暁印書館　東京協立印刷　奥田印刷　M企画印刷　アール企画　北光社　新栄堂　光邦　キリーク　文化図芸社　三進社　川田プリント　情報写植　グレープ　互恵印刷　タカラ印刷　シナノ　ワニプラン　安信印刷　昭和堂印刷　中央精版印刷　西村謄写堂　サンワード　藤原印刷　モリモト印刷　関野タイプ

【製　本】
高浪製本　島村製本　協栄製本　金秀舎　根本製本　山本製本所　古賀製本　東文堂　東京印書館　三秀舎　関野印刷　耕文社　青木製本　誠製本　天竜社　美行製本　和泉印刷社　小泉製本　大盛堂　川田印刷　タカラ印刷　西村謄写堂　昭和堂印刷　中央精版印刷　小泉企画　モリモト印刷　藤原印刷　高地製本

【カバーデザイン】
岩田敏雄　嵯峨玲子　アルク　平沢政行　上野清美　粟津潔　高原洋一　林芳恵　多田進　天造直子　熊澤正人　牧野登　落合茂　高橋千佳　武田静香　佐藤忠　高尾隆　宍田利孝　西垣泰子　栗原裕孝　成田徹　渡辺美知子　宮原青子　池田龍二　大貫デザイン　伊藤正照　三好まあや　OPA企画　河井宣行　板谷成雄　大田幸子　鈴木弘　山野有希　阪口充　静野あゆみ　遠藤直樹　奥定泰之　清水恵　間村俊一　小林真理

【サロン】弓月　ミロ　むらさき　やぶ仙　石の花　みその　大文字屋　新世界菜館　栄家　九重　ひしょう　ランチョン　慈庵　サボール　ラドリオ　成海　忍　あくね　源四郎　侘助

年目	年度	社員数（人）	出版物		
			単行本（点）	資料（点）	合計
30	12(2000)	15	58	63	121
31	13(2001)	15	71	46	117
32	14(2002)	14	70	22	92
33	15(2003)	12	66	0	66
34	16(2004)	11	65	9	74
35	17(2005)	11	78	15	93
36	18(2006)	11	72	8	80
37	19(2007)	11	62		62
38	20(2008)	10	57		57
39	21(2009)	10	50		50
40	22(2010)	7	61		61
41	23(2011)	9	47		47
42	24(2012)	9	56		56
43	25(2013)	9	58		58
44	26(2014)	9	50		50
45	27(2015)	8	49		49
46	28(2016)	8	40		40
47	29(2017)	7	37		37
48	30(2018)	7	28		28
49	令和1(2019)	7	33		33
	合　計		2084	1211	3295

日本経済評論社・社員数と出版点数の変遷

年目	年度	社員数（人）	出　　版　　物		
			単行本（点）	資料（点）	合 計
1～9	昭和45～54	延16	175	168	343
10	55(1980)	21	43	57	100
11	56(1981)	21	26	18	44
12	57(1982)	6	23	25	48
13	58(1983)	6	22	64	86
14	59(1984)	10	32	47	79
15	60(1985)	9	43	58	101
16	61(1986)	10	46	60	106
17	62(1987)	8	44	57	101
18	63(1988)	9	39	54	93
19	平成1(1989)	10	44	56	100
20	2(1990)	10	41	71	112
21	3(1991)	12	34	57	91
22	4(1992)	13	41	48	89
23	5(1993)	9	37	28	65
24	6(1994)	12	32	39	71
25	7(1995)	13	45	46	91
26	8(1996)	14	39	45	84
27	9(1997)	13	50	9	59
28	10(1998)	14	70	21	91
29	11(1999)	14	50	20	70

人名・社名・店名索引

あ
ＲＫＢ毎日　108
青木医師　293
青木栄一　72,306
青木小夜子　139
青木書店　158
青木美智男　26-27,236,279,283
明石茂生　166
赤間辰美　59
秋田書房　185-186
秋元英一　159
秋山順子　108,256
アクィナス，トマス　158
阿久沢ノン子　21
あくね　109,154,159,161,177,182
阿久根テル子　154-156
浅井宇介　131
浅井良夫　159,164,166-167,169-170
麻島昭一　36
浅沼稲次郎　24
朝野書店　57
朝日新聞社　261-263,265
朝日信用金庫　41,88,270
旭屋書店　77
芦田均　166
明日香出版社　117
東米雄　73
校倉書房　158
新八代　88
阿部恒久　181
阿部由紀　130
アヤ子　20
新井勝紘　291
荒井信一　115
新井由紀子　134,151,189,284,287
安良城盛昭　53-55,57,148-149
粟津潔　70
安藤元夫　173-177
安藤良雄　205

い
飯澤文夫　116,236
イェーリング　289
家の光協会　66
伊木誠　166
池田敦志　25-26
池田勇人　24,154
池田部長　84
池一　155,157-158,183-184,210
石井寛治　203-204,288
石井達也　27
石川九楊　155
石川清子　163,165
石川三四郎　193
石川美耶子　155
石川島播磨重工業　66
石坂さん　84
石田誠一　34
石田友三　108
石野誠一　117
石の花　35,110,305
石牟礼道子　292
石母田正　234
泉山三六　289
磯辺俊彦　111,113-114,134
板垣退助　244

人名・社名・店名索引

一葉社　5,261
井筒屋　291
伊東勇夫　61
伊藤修（岩波書店）　158
伊藤修（埼玉大学）　164
伊藤整　32
伊藤博文　244
伊藤正直　164,166,168,170
伊東光晴　68
犬養毅　103
井上靖　22
伊夫伎一夫　42-43
今井勝彦　25-26
今井清一　181
今田忠　171
伊牟田敏充（谷山花猿）　203-206
伊豫銀行　67
入江友子　84-85,91,95,97,107,111,122,126-127,134,308
入舟　179
色川大吉　160,290-296
岩崎弥太郎　43
岩田書院　230
岩田博　230
岩波書店　117,154-156,158,171,189,255,296
岩の原葡萄園　109
石見尚　130

う

ウイーン　24
植戸京子　139
上野精養軒　230
上野教信　134-135,151,166
上間氏　56
上山和雄　304
宇佐実雄　52
薄井清　72,76
ウスケボー　131
内田潔　263
内田啓吉　71,104,182
内橋克人　171
内村鑑三　15
内山明夫　34
内山節　72,76,131-132
内山秀夫　189-192,195-197,201
内山りつ子　161
うな鐵　40
梅木　61

え

江井秀雄　291
江戸川信用金庫　41,78-79,88-89,106,119,121-123,270
ＮＴＴ　66,74
榎本珠良　302-303
M企画印刷　110
江里口　61
エンゲルス　23
遠藤輝明　159

お

老川慶喜　72,133,140,283,303-304,306
オイル・リポート社　129
旺文社　39
大石嘉一郎　177-181
大井先生　52
大内力　61
大門正克　177-178,180-181,304
大川裕嗣　165
大久保利通　115,244
大熊信行　109
大島栄子　178
大塚久雄（大塚史学）　234
大手町書房　73

大日方祥子　138-140,142,279
大益牧雄　108
大道万里子　4,108
大本圭野　175
大森かほる　109
大森土子　139
大森とく子　164,166
大森弘喜　159
大湾部長　53
丘　24
岡崎哲二　164,166,168
岡田和喜　134,138
岡田課長　49
緒方俊雄　74,202
岡部彰　128-129
岡部牧夫　284
小川茂久　155
沖縄教販　54
沖縄県農協中央会　51
沖縄信用金庫　54
奥武則　265
奥田のぞみ　189,193
奥村次長　54
尾佐竹猛　236
小沢てる子　17
押田将　31-32,34-45,47,55,60,64-66,68-70,72,78-84,87-90,92-96,98-99,101,112,126-127,136,188,202
オストロフスキー　151
小田切教育部長　48
御茶の水書房　61,177,284
鬼塚先生　219
小野修三　194
小野塚知二　304
小原麗子　186
折原脩三(伊東庫之助)　36,72,76,111-113
音楽之友社　39

か

柿﨑均　301-303,309,314
学芸出版社　176
学生社　39
学陽書房　86
影書房　4,103,185,187,195-196,256-257,261,267
鹿児島屋旅館　61
風間静夫　139
柏崎利之輔　73
柏祐賢　86
花人社　263
春日井薫　29
加瀬和俊　181
片倉和夫　47,55
片倉麗子　280,300
片山哲　166
加藤三郎　134
金沢幾子　139,141-143
金澤史男　178,180
要　20
鹿野政直　292,294
上坪隆　108
神谷バー　25
亀井勝一郎　181
唐木順三　154
川勝貴美　189
川勝平太　189
川上善兵衛　109
川上隆　270
河上肇　68
川口弘　41,43,73-74,201-203,205
川地清介　24-25,278
川森静子　140
神崎総務部長　59
神田税務署長　126-127
カントリー　155

ガンナンドー貿易　45
菅野貞男　29,34
樺美智子　24,239

き
菊地チヤ子　123-125
菊地病院院長　18-19
菊間賢一　270
岸薫夫　261-263
岸信介　24
北一輝　115
北原専務　49
北村透谷　290
木戸孝允　115
紀伊國屋書店　73,77,84-85
木野村照美　280,300
キミちゃん　110
木村千恵子　254
木村伸夫　206
木村礎　23-31,34,115,123,224-233,235-237,241-243,245,252-254,278,290
球陽堂　76
共栄火災海上保険　123
共和製本物流センター　270
清田義昭　269
清成忠男　75-76
銀行研修社　39
金原左門　155,160,182,184,211-213

く
茎田佳寿子　29
草川俊　72
草原奈知子　140
くつき　160
久保田図書部長　59
熊代幸雄　73
公文園子　69
久山桃子　269
クリーゲル　74
栗田出版販売　117
栗田尚弥　265
栗原きみ子　19
栗原啓子　19-20,22
栗原信二　22
栗原ゞも　16
栗原百寿　180
栗原英子　18-19
栗原満里子　16
栗原祐三郎　16
栗原るみ　177-178,180-181
来間泰男　52-57,76,111,113
紅林茂夫　35

け
ケインズ　32
剣持先輩　21

こ
小池晃　39,79
紅魚亭　154
幸田露伴　22,289
河野所長　54
弘文堂　255
古在重代　140
小坂球実　188
コザ信用金庫　54
越沢明　151
ゴッド　109
後藤新一　35,130
小西四郎　135
小早川光　50,55,60,84
小林和子　131,314
小林節太郎　219
小林多喜二　22
小林昇　103

小林英夫　284-286,288-289
小松郁夫　26
小松隆二　109,154
小室正紀　304
古谷野素材　155
小山光夫　158
権上康男　159
近藤康男　73

さ

西郷隆盛（南洲）　115,244
斎藤邦泰　84,87,280
斎藤仁　111,134
斎藤美彦　131
サイマル出版会　47
酒井文麿　129
栄家　110,138
佐賀銀行　60,67
坂野百合勝　111
坂本信明　44
祥子　20
佐藤国雄　263
サムエルソン　32
サルトル　26
さわ子　20
三一書房　25
三進社印刷　101,267
三省堂　158
三富　114
サントリー　110,155

し

慈庵　110
ジイド　26
ジェボンズ　73
塩崎賢明　173-175
滋賀銀行　67
時事通信社　44,267
思想の科学　36,76,112
設楽清嗣　131
師弟食堂　25
シナノ印刷　267
篠崎尚夫　304
忍　226,230
柴田敬　68-69,73,179
柴田善雅　304
司馬遼太郎　136
渋谷定輔　70,211
島倉千代子　212
島崎藤村　21
島崎久弥　151
島田泉　158
島村出版社　47,126
島村宏　126-127
島利栄子　160
清水慎三　191
下河辺淳　163-165,171
下地総務部長　51,53
社会思想研究会出版部　21
ジャパン・ジャーナル・サービス社　39
出版貿易　34
聚楽　129
閏月社　269
ジョーンズ，G　189
小学館　182
庄建設　256,260
庄幸司郎　103,108,256-260
晶文社　132
昭和天皇　249
白石正　21
白鳥邦夫　186,188
新栄堂　267
新里昭則　56
人生劇場　155
新潮社　39
真藤アヤ　66

真藤恒　66
真藤ミチヨ　66,74
新藤稔　170
陣内　61
新日本出版社　61
新農林　34

す
菅江真澄　188
杉江弘子　140
杉原四郎　69,100,102,105,138,141,151,204
杉山和雄　204
杉山喬　263
杉山忠平　100,102-105,204-205
鈴木淳　134
鈴木書店　99
鈴木真一　99
鈴木朋実　50,55
鈴木信雄　304
鈴木博　46
鈴木牧之　183
鈴木雅夫　39,90,92-93,96-97,107
鈴木正彦　151
スターリン　234
ストーリィ　191
須藤時仁　131
簾内敬司　108,185-186,188-189,192
住田昌二　175
住友信託銀行　36
諏訪先輩　21

せ
清達二　84,91,97,102,105-107,111,113,115,132,171-172,174-175,297-298,300,308
西武印刷　267
瀬川信一　70
積水ハウス　173-174
関根弘機　21,35
関根みよ子　21
前進座　140
千村英子　140

そ
創文社　158
副島保　60
ソロー，ヘンリー　193

た
ターケル，スタッズ　132
第一勧業銀行　35-36,170
大学図書　110
大日本印刷　142-143
太平印刷社　267
大文字屋　82,86
ダイヤ商会　268
ダイヤモンド社　169
大和銀行　35
高木郁朗　109
高木侃　279
高島修一　304
高島緑雄　34,226,230
高田康孝　72
高田保馬　68
高野岩三郎　211
高橋伊一郎　61
高橋隆明　20
高橋三枝子　118-119
高橋満　134
高村直助　204
滝沢誠　109
滝村隆一　109
田口卯吉　103-105,140
田口親　104-105
田口照美　140

竹内静子　132
竹内宏　35,42
竹内好　258-259
武田範之　109
武田晴人　204
武田薬品　244
竹鶴政孝　189
竹やぶ　170
田崎宣義　178
田島甚平　20,35
田代洋一　114-115
多田進　113,269
田付茉莉子　203
田中誠一郎　170
田中惣五郎　115-116,135
田中陽児　116
谷口京延　47-48,55,71-72,91,97,101-102,104-107,111,113,117,133-134,138,159,168,178,181,189,203-204,228,269,280,287,293,296-297,299-305,307-308
谷藤悦史　196
種井孝允　24-25,27-28,30,253,277,279
玉置紀夫　189-190
玉城素　131
ダンテ　289

ち
チェックランド，O　189
筑摩書房　117,154-155,292-293
千倉書房　116
知泉書館　158
千葉卓三郎　291
千葉忠夫　41,203
チューネン　73
中央公論社　296
中央大学出版部　182

つ
塚原明　140
月子　26
筑波常治　78
土屋喬雄　45
筒井正夫　178

て
寺尾琢磨　73
寺澤正　73
寺村泰　164
暉峻義等　211
暉峻衆三　61,210-211,213
輝ちゃん　155
天摩くらら　110

と
同栄信用金庫　41,122,270
東栄堂　39-40
東海進　34
東京銀行　36,44,112,130
東京大学出版会　61,144,155,157,175-177,179,285,290
東京堂出版　158,284
東京堂書店　77
東弘通信　269
同時代社　270,288-289,311-312
鄧小平　214
東販（東京出版販売、現トーハン）　51,54,75,85-86,99,110,268
東邦銀行　67
同朋社　155
同盟印刷所　267
東洋経済新報社　169
遠山茂樹　135,181
徳宮峻　269
利光鶴松　290

戸邉秀明　181
富盛菊枝　108
ドラッカー　169
トランスビュー　254

な

永岡書店　39
中川音五郎　118
中川雄一郎　111
中北浩爾　166
仲地図書館長　53
中島明子　175
中島敦　21
中島飛行機　16
中曽根康弘　59
永滝稔　158
永田修一　140
長塚節　22
長沼秀明　236
長野県信用組合　49
長野県農協中央会　48
長野信用金庫　49
中原君生　106-107,121
永原慶二　144
永岑三千輝　159
仲村企画管理課長　52
中村秀一郎　76
中村孝子　190
中村孝士　35,170
中村隆英　162,164
中村卓也　269
中村芙美子　283
中村政則　180
中村好子　34,188,204,315
中森季雄　99
中山伊知郎　73
中山書店　33-34
中山トミ子　118
永吉一郎　35
奈倉文二　165
那須アルミ(日本軽金属)　246
夏川りみ　124
夏目漱石　22

に

新島襄　15
西川純子　289
西川正雄　279
西口克己　211
西沢書店　49
西田書店　44-45
西谷能雄　98-100,108,145,254-256,258-260
西田美昭　178-180
西塚邦雄　45
西村閑也　134
西村哲哉　21,35
西村はつ　203
西山夘三　173-175
西山夘之助　173
西山光一　179
ニッカウヰスキー　189
日経広告社　269
新田義範　269
日販(日本出版販売)　51,85,99,110
日本エディタースクール出版部　118
日本証券経済研究所　131
日本政策投資銀行　220
日本長期信用銀行　35,42
日本通運　28
日本ルネッサンス研究所　130

ぬ

布川角左衛門　117-118
沼尻晃伸　181

ね
根本正一　268-269
根本製本　268-269

の
農林中央金庫　46
乃木大将　213
野坂昭如　70
野田正穂　71,306
野間清治　15
野間宏　256,259
則雄　20

は
ハーディング　193
バード，イザベラ　189
ハイデッカー　305
萩原朔太郎　15
白水社　99,154-155
博報堂　154
橋川文三　255
橋場弦　144
橋本健午　109,117
橋本義夫　290,296
荷見武敬　46
長谷川憲一　267
長谷川信　165
長谷川豊裕　140
畠山義郎　185-188
旗手勲　133
服部之總　115,117,135-137,290-291,296-298
服部旦　117
ハトヤ　25
花田清輝　255
羽仁五郎　15
埴谷雄高　255
林健太郎　171
林健久　161,164-168,180,204
林宥一　178,180
林雄二郎　169-173
林芳恵　109
林玲子　203
原朗　162,284-285,287-290,312,314
原司郎　39
原田明典　50,55,74-75
原田勝正　72,111,130,133,306
原田津　72,76
原田三喜男　60
原輝史　159
播磨弘宣　118

ひ
土方苑子　178
日立製作所　220
日立総合計画研究所　220
兵藤釗　155,312
平河工業社　87,267
平川俊彦　158
平野謙　255
ヒル，オクタビア　175
廣末保　255
広瀬中佐　213
広田明　159
広田功　159
廣田とし子　140
広原盛明　167,173-175

ふ
フォレット，メアリー　198
深沢七郎　24
福岡信用金庫　60
福沢(福澤)諭吉　182-184,198
福住正兄　182
福田川洋二　74
福田赳夫　59

福田徳三　141
福田典子　107,121
福留久大　61
福村出版　154
冨山房　77
プシェヴォルスキー　191
藤尾雄策　61
富士銀行　35,60,73
不二出版　295
富士ゼロックス　219
藤田昭造　236
藤野保　61
富士正晴　255
藤村志保　160
藤本治　287,289
藤原彰　181
藤原印刷　267
藤原書店　109
藤原良雄　109
布施辰治　236
フランス座　25
古桑実　63,132
古田晁　154-155
古田大次郎　32
文雅堂印刷　39
文雅堂銀行研究社　29,31,37,39,93,112
文昇堂印刷　39,80,90,92,107,266

へ
ヘーゲル　158
ベル , E・M　175
ヘルダーリン　305

ほ
法政大学出版局　158
星子　26
星野進保　165
堀田善衛　32
堀家文吉郎　41
堀江幹晴　131
堀和生　289
堀次長　86
堀添絹子　118
堀留洋紙店　98,101,152,268
本間靖夫　140
本間義人　111,132,163

ま
毎日新聞社　111,132,163
前澤奈津子　111
前田正名　71
マキ , ジョン　194
誠製本　269
欄木寿男　158
松岡將　285
松岡二十世　285
松尾抗　117
松尾貞子　117,135
松尾純子　117
松尾章一　115-117,135-137,290-291,296-299
松永伍一　70
松野尾裕　140
マツノ書店　160
松林孝至　158
松村久　160
松本清張　238
松本昌次　4-5,100,108,185-187,196-197,254-258,261
松本侑壬子　109
まねき　119
間彦博之　32-33
丸岡秀子　49,70,73
マルクス　23,69,213,233-234
丸善　73,86,134,154,166

み
ミーゼス　73
三木武夫　236
三木健　295
御厨貴　165,168
三島徳三　61
三島由紀夫　38
みすず書房　282
みその　110,142
三井銀行　35,130
三井物産　220
三菱銀行　42-43
美土路達雄　61
湊邦子　140
南出幸子　21
三波春夫　38
南良和　70
美禰子　20
峰原恵三　56
美濃部亮吉　33
宮川康　34
三宅明正　165
宮崎勇　170-171
宮崎義一　68
宮沢賢治　187-188,295
宮地正人　298
宮野芳一　50,55,60,68,70,82,111,124-125,128,130,132,151,191-193,195-196,201-203,314
宮平真孝　56
宮本二三子　140
三好まあや　108
未來社　86,98,100,108,115,145,254-256,259
ミル　69
ミロ　25

む
向井清史　145-146,150-151
村上一博　236
村上直　236
村上保彦　140
村田廸雄　70
村野常右衛門　290
村橋勝子　167
村松玄太　236
村山亜富　267

め
明治製菓　220
明治文献資料刊行会　102,141
名著出版　228,230
目黒千文堂　99
メルシャン勝沼ワイナリー　131

も
毛沢東　23,214
茂木和行　72
持田信樹　180
森清　72
森静朗　36,39,42,92,101,111,205
森下紀夫　109,123,154,267
森武麿　181
森戸哲　76
森朋久　236

や
八木書店　85,225
矢島書店　113
安井琢磨　73
安川電機　182
安田元三　36,42,111
安田浩　178,180
安丸(良夫)　294
柳沢遊　284

矢野誠也　170
やぶ仙　226
矢部知美　140
山泉進　236
山岡茂樹　131
山口晃　193
山口和雄　203-205,308
山崎恵子　106
山崎志郎　284
山里部長　52
山路健　130
山下邦男　36
山下惣一　70
山田晃弘　158
大和あさ(子)　17,20
山本薩夫　264
山本製本　101,268-269
山本義隆　282

ゆ
湯浅照弘　118
雄山閣　225
有志舎　158
有斐閣　154-156,158,210
湯本辰雄　34
百合さん　110

よ
揺籃社　296
横井勝彦　304
横田めぐみ　305
横浜正金銀行　36,44-45,54
横山リエ　109
吉枝さん　84
吉川英治　22
吉川弘文館　105,144,158,182
吉田暁　36
吉武輝子　70
吉田健二　166
吉田山荘　175
吉田茂　53
吉田真也　264,280
吉田正　159
吉見義明　160
吉本隆明　255
米田卓史　108,256
饒平名先生　52

ら
酪農事情社　34
ラデジンスキー　134
ランケ　233
らんぶる　25

り
琉球銀行　54
林汎　215,220-221,224
林望　171
林燕平　214-216

れ
レーニン　32

ろ
ローリー　191
魯迅　194
ロラン,ロマン　26
論創社　109,123,154,267

わ
若杉隆志　140
若山牧水　257
和気洋子　190
輪島　305
和田和二　87
和田久太郎　32

和田勉　140
和田悌二　4,108
渡邊勲　155-160,175-176,183-184,280,
290-292,295
渡辺常務　98,101
渡辺延志　254,263
渡辺美知子　269,303
渡辺洋一　140
ワルラス　73

栗原哲也（くりはら・てつや）
1941年　群馬県佐波郡名和村山王道下原（現伊勢崎市）生まれ
1960年　埼玉県立本庄高等学校卒業
1964年　明治大学文学部史学地理学科卒業
同　年　文雅堂銀行研究社編集部入社
1970年　日本経済評論社営業部長
1981年　同社代表取締役社長
2016年　同社退任
著書　『神保町の窓から』（影書房・2012年）、『私どもはかくありき――日本経済評論社のあとかた』（私家版・2008年）。
【現住所】276-0031 千葉県八千代市八千代台北 10-13-10
E-mai : kurihara@nikkeihyo.co.jp

神保町有情《じんぼちょううじょう》**――日本経済評論社私史**《にほんけいざいひょうろんしゃしし》

2024年3月25日 初版第1刷発行
定価　2500円＋税

著　　　者　栗原哲也

発　行　者　和田悌二
発　行　所　株式会社 一葉社
〒114-0024 東京都北区西ケ原 1-46-19-101
電話 03-3949-3492 ／ FAX 03-3949-3497
E-mail : ichiyosha@ybb.ne.jp
URL : https://ichiyosha.jimdo.com
振替 00140-4-81176
装　丁　者　松谷　剛
印刷・製本所　モリモト印刷株式会社

落丁・乱丁本はお取り替えいたします。
ISBN978-4-87196-093-9

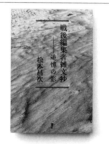

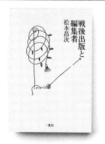

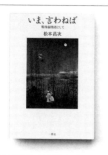

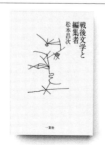

石川逸子［反帝ドキュメンタリー・ノベル］シリーズ

明治天皇の父・孝明《オサヒト》天皇の亡霊が導く

オサヒト覚え書き 関東大震災篇

四六判・240頁
定価 2,000円＋税

ISBN978-4-87196-091-5

あの関東大震災から 100 年
その無慈悲な蛮行を二度と
くり返さないために！

だが 百年経っても／政府が指示し 軍隊が 自警団が 行った
朝鮮人・中国人ほかへの／《戦争》にも見まがう 大虐殺を／
この国は なお 知らぬふりしたままです
（本文末尾の詩「訪問」より）

「明治維新」の正体と汚泥を掘り起こす

オサヒト覚え書き 追跡篇

台湾・朝鮮・琉球へと

四六判・344頁
定価 2,600円＋税

ISBN978-4-87196-079-3

このクニの侵略史を直視し
残虐に抹殺された人びとに
加害者として想いを致す！

……わたしを殺めたものたちが／
……逆らうたものをば 容赦なく殺し／
権力を維持発展させていった歴史を／ゆめ忘れてはなりませぬぞえ
（本書「オサヒトからの挨拶」より）

「天皇制」の虚妄と「近代化」の不実を剥ぐ

オサヒト覚え書き

亡霊が語る明治維新の影

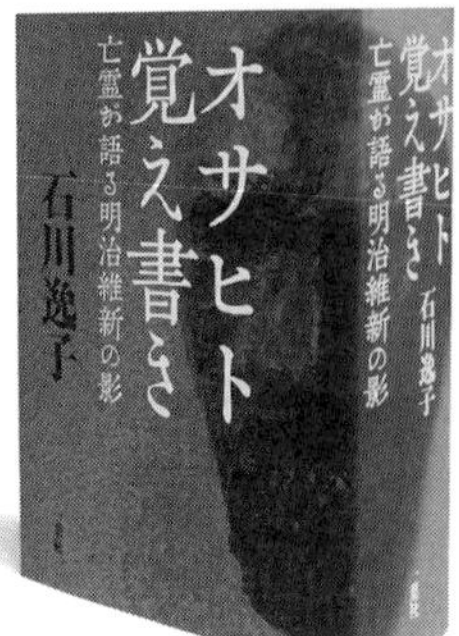

四六判・928頁（2段組）
定価 3,800円＋税

ISBN978-4-87196-039-7

打ち捨てられた死者たちに
想いを馳せてきた詩人の
渾身・必然の歴史長編！

「……ふと、歴史から消されようとしたものたちの影が、
そこここから立ち昇ってくるかもしれませんから」
（本書「小さなあとがき」より）

発行 一葉社 | E-mail: ichiyosha@ybb.ne.jp | https://ichiyosha.jimdo.com

戦後を代表する劇作家の精神の軌跡 ── 今、わたしたちに問いかける

宮本研エッセイ・コレクション 全4巻

宮本新 編

各巻 四六判・上製

定価 3,000円＋税

宮本研の劇作・脚本等の創作作品以外で、
雑誌、書籍、新聞、公演パンフレット等に発表されたほとんどの文章を初収録。
収録にあたっては、宮本研の創作と精神の軌跡に沿って、
初出発表年ごとに四巻に分け、
さらにテーマごとに章立てをして発表年月日順に配列。

1 ［1957─67］ 夏雲の記憶

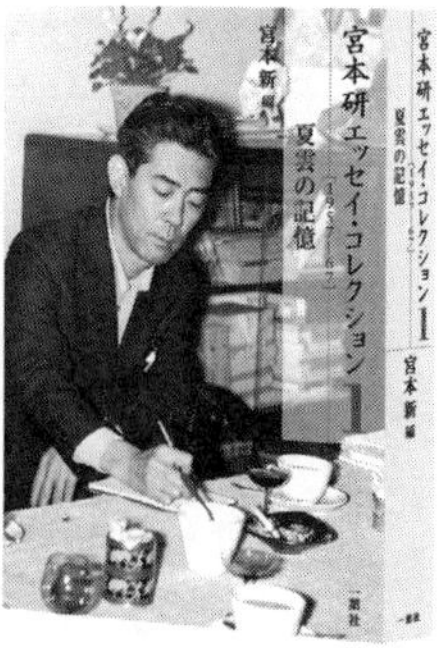

352頁
ISBN978-4-87196-066-3

2 ［1968─73］ 〈革命〉──四つの光芒

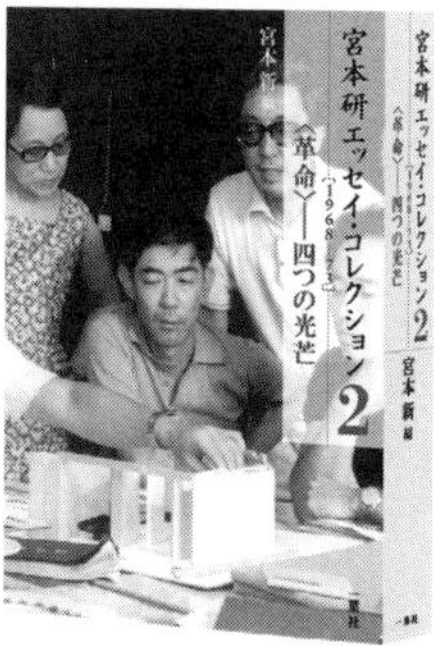

352頁
ISBN978-4-87196-067-0

3 ［1974─81］ 中国と滔天と私

368頁
ISBN978-4-87196-068-7

4 ［1982─88］ 時を曳く

376頁
ISBN978-4-87196-069-4

発行 一葉社 | E-mail: ichiyosha@ybb.ne.jp | https://ichiyosha.jimdo.com